U0909978

时光是一纸流砂

怀旧书系

行当版

掩卷·编著

中国财富出版社

图书在版编目（CIP）数据

时光是一纸流砂：行当版／掩卷编著．—北京：中国财富出版社，2013.11

（怀旧书系）

ISBN 978-7-5047-4872-0

Ⅰ.①时…　Ⅱ.①掩…　Ⅲ.①职业—介绍—中国　Ⅳ.①D669.2

中国版本图书馆 CIP 数据核字（2013）第 230374 号

策划编辑　李慧智　　**责任印制**　方朋远

责任编辑　张彩霞　　**责任校对**　梁　凡

出版发行	中国财富出版社（原中国物资出版社）		
社　　址	北京市丰台区南四环西路 188 号 5 区 20 楼	**邮政编码**	100070
电　　话	010-52227568（发行部）		010-52227588 转 307（总编室）
	010-68589540（读者服务部）		010-52227588 转 305（质检部）
网　　址	http://www.cfpress.com.cn		
经　　销	新华书店		
印　　刷	北京京都六环印刷厂		
书　　号	ISBN 978-7-5047-4872-0/G·0565		
开　　本	880mm×1230mm　1/32	**版　　次**	2013 年 11 月第 1 版
印　　张	6.375	**印　　次**	2013 年 11 月第 1 次印刷
字　　数	164 千字	**定　　价**	20.00 元

版权所有·侵权必究·印装差错·负责调换

CONTENTS 目录

目录 CONTENTS

CONTENTS 目录

1. 弹花匠

“弹棉花啊弹棉花，半斤弹出八两八，旧棉花弹出新棉花，弹好了棉花姑娘要出嫁……”

幼时，弹花匠是较常见的一类艺人，每年里当洁白的棉花盛开的时候，陪伴棉花的除了那清清的冷露，就是弹花匠了。

或村间，或乡镇，秋冬之际衣被要增减了，弹花匠就开始从墙上取下绷弓，走进人群中，开始了自己的“弓弦”生涯。

弹花匠的行头一般是身挎大木弓，腰间别着木捶、铲头，后背背着木制圆盘。若在乡村，他们则会走村串户地吆喝“弹——棉——花——嘞”；若在城镇，则由需要的居民把棉花送至他们的作坊进行加工。

活儿上门后，弹花匠也就开始工作了。他们一般是两人合作，主次分明，或面对着面，或分两侧由外向内挨着。弹时，一人斜挎着的弯弓，就好似是一把竖琴，手中握着“手雷”状的大木棒槌，另一人提着“盾牌”状、光洁厚重的圆木墩，乍一看，好似一对背弓持盾出征的将士。背弓者一边拨得粗牛筋弦“当、当、当”

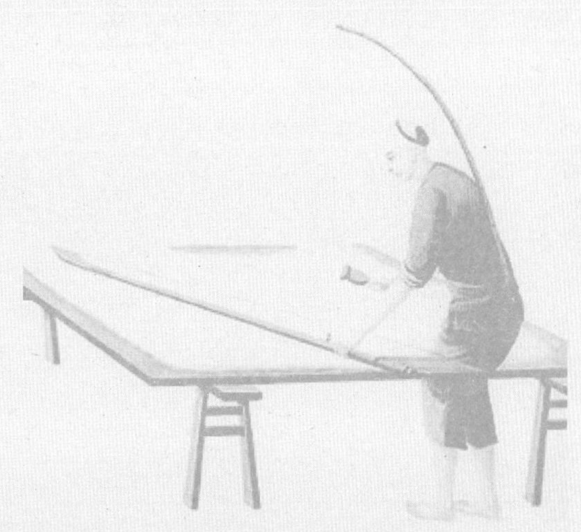

响，一边喊着自己心仪的口号。

接到旧棉花、棉絮后，弹花匠则会先戴上口罩，再用手将那又脏又板实的旧絮，一块一块撕下来，然后，再用铁梳进行梳理。之后，再将这些梳理后的棉花，铺在竹篾床上，经过“弹”的工艺对其进行翻新。

弹时，一人从后腰支出一片厚竹板，高高地从自己头上方引下一个钩，挂住大弓的中脊，左手握住弓的一头，右手握“手雷”恒力地敲击牛筋弦，借牛筋爆发的张力去撕、崩旧棉絮。沉闷的声响，清脆的音韵此起彼伏，交织出一首不很协调的单弦独奏。

为使每个角落的旧棉絮均被震开、弹散，弹花匠忽而弓下腿，忽而绷直腰，一丝不苟、不紧不慢地敲击着牛筋，凭借击打弓弦翻来覆去地把棉絮崩开震散，直至把死板的旧棉絮弹得棉花糖般松泡，再用手将泡花调成厚薄均匀的棉被形状，方取下大弯弓，摘去口罩，然后喝口水，取了“盾牌”，将泡棉匀匀压实，一床棉絮就弹好了。

接下来往棉上网线，这就有些让人叫绝了。但见二人各立桌子一端，一人手握一大卷细线，头也不抬地用双手将线头分开，另一人在大桌那端用手中的“钓鱼竿”往对面人脸前一挑，两股线就勾了过来，两人同时将线对应在棉絮上，“叭”的一声按断，接着又挑线、压线、掐线，谁也不抬头。一挑一送丝毫不差，宽处铺完，越往两头速度就越快，你再不用担心竹竿会不会碰了对方的鼻子伤了脸，会不会虚晃一竿钩不到线。有经验的弹花匠还会用各种颜色的线在棉上拼图形。如果是结婚用的，那中间一定有个大大的“囍”字，四角还会拼上四个小喜字。除此之外，他们还根据人们的喜好，做成喜鹊、蝴蝶、六耳结等，总之很吉祥喜庆。

不一会儿，经纬交织的线网就罩好了。他们也不歇息，紧接着又铺开下一床……

以前，弹花匠手工翻新一床旧棉絮，一般要五六个小时，熟练的弹花匠一天只能做三床。而如今，随着时代的变迁，品种繁多、色彩斑斓的蚕丝被、羽绒被慢慢占了主流，手工弹棉又被机械操作取代，木槌捶击弹弓那奏乐般的声音则渐渐成了历史的袅袅余音。

2. 补锅匠

补锅匠是个非常古老的行当，相传黄帝时期，人类便有了锅釜，但真正出现修补铁锅的补锅匠，还是到铁器出现以后的事，至今也有两千多年历史。直到20世纪六七十年代，人们还经常可以看到有补锅匠挑着担子游走于乡间街头。

“补锅——嘞——锔碗唷……”

补锅匠的吆喝声不仅抑扬顿挫，而且还颇具地方特色。因为补锅匠来自不同的地方，吆喝的腔调和说话的口音都各不相同。补锅匠挑着担子走村串巷，会先吆喝上一阵子，然后才找一个宽敞的地方作为补锅的场地。他们挑的担子一头是木制的手拉或脚踩的风箱，另一头则是炉子和补锅用的材料。

旧时，补锅也是有行规的，不守行规就会引起争斗。听老一辈人讲其中的行规大概有：补锅匠只能住公众地方，如破庙、祠堂、檐阶等，不住在别人家里；他们一般睡地上，不能睡床板，睡地上也只能用谷草、麦草、草席铺地，不用木板，认为用木板在地面睡觉不利气（因死人多用木板摊尸）；还有进村补锅先到为君，后到为臣，后到者除非征得先到者的同意，否则应主动离开，绝不能抢饭碗。

补锅匠有的是一个人，有的会带着徒弟，有徒弟的就叫徒弟走村串巷兜生意，师傅则在原地生火开炉。有时还会把收集到要补或补好要送回去的铁锅顶在头上吆喝。

早期补锅是用钉子冷补，补锅匠会先在地上立一根铁杆，将需要补

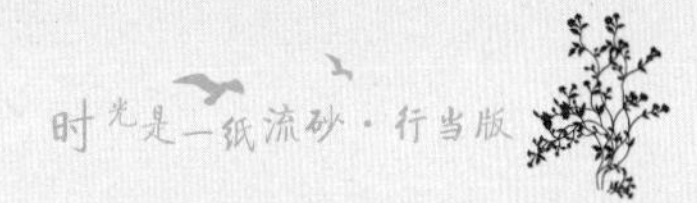

钉的铁锅翻转扣在铁杆上，顶在裂缝处，再用铁锤在锅底外轻轻敲打，破出一个绿豆大的小眼就可以穿钉了。钉脚比较细软，在穿钉前，先在钉帽下抹一点黄泥，俗称“金木水火土，离不得泥巴补”。钉脚从锅内向锅外穿出，其外再套一片“眼皮”，如螺垫，再将钉脚钳弯，盘扭至紧贴锅底，再用钉锤打贴实，这就补好了一颗钉。

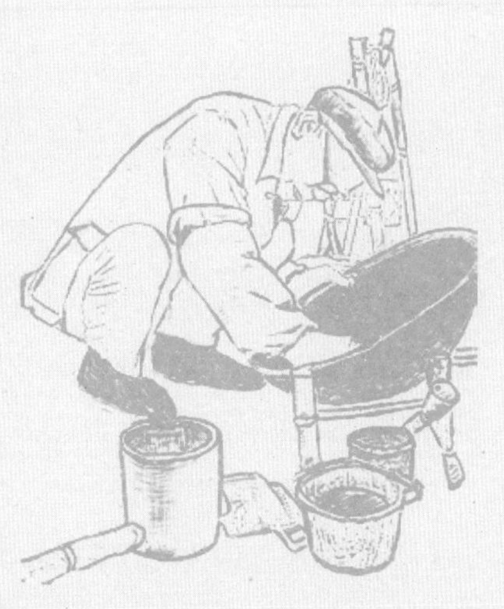

到了民国初年，才开始有热补锅。补锅匠烧红炉，先要熔一杯生铁水备用。同样需要在裂缝处敲眼，以便铁水能注入。烧铁水时，锅口面向上，锅底向下。一手握一把泥沙，一手执勺浇注铁水，同时执勺之手的食指和中指间要夹一根用旧布卷起的抹布（浸湿的），握泥沙的手紧贴，对准锅眼浇一滴铁水，立即用抹布向前抹一下，铁水就展成一个长的铁疤，依次补起，然后再用砂石打磨光滑。

补锅匠补锅的手艺再好，补的铁疤在原先光滑平整的锅面上总会留下疙瘩，使用起来很不方便，特别是炒菜时要用到铲子翻炒，很可能会把铁疤铲起，造成锅漏水。

随着人民群众生活水平的提高，铝锅、不锈钢锅普遍进入了寻常百姓家，使用铁锅的人大大减少，并且买一口铁锅也花不了多少钱，即便坏了，也就扔了，不会再想着拿去修补，因此，补铁锅的生意也就日渐衰落了，原先的补锅匠也就再难觅踪影。

3. 修钢笔

修钢笔，是一门听起来比较文雅的老行当。事实也确实如此，钢笔曾经是我们最普及、最实用的书写工具，但现如今，钢笔的身影以及修钢笔这个老行当，却已渐渐淡出了人们的视野。虽然每一样事物都有一个由盛到衰的过程，钢笔与修钢笔在浩瀚的历史长河中或许只是一瞬，但对于我们来说，它却是一段很深的记忆。

新中国成立前，人们使用的钢笔大多都是舶来品，以派克金笔居多。那个年代，能拥有一支派克金笔，是一种时尚和身份的象征。派克金笔手感极有分量，笔尖的顶部有一点点黄金，字迹圆润，书写起来极其流畅。但使用久了，磨损很大，就要找修钢笔的师傅镶金。

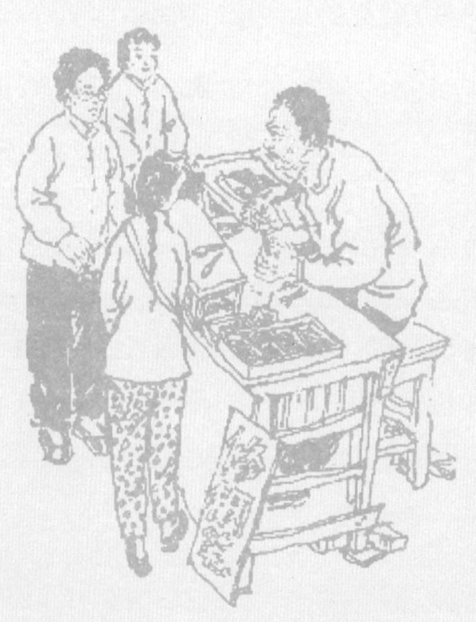

到了20世纪六七十年代，钢笔开始普及，成为了学生和公职人员的日常用品。但那个时候，买一支好一点的钢笔是一笔不小的开销，所以一支钢笔一般都要用上很多年。但是钢笔使用时间一长，笔尖等部位会出现磨损，也一样得找修钢笔的师傅修理。

当时一个当街的修钢笔铺，从早到晚每天要修几十支。那时的钢笔档次高的有派克、金星，中档的有英雄、永生等品牌，学生一般都用一元钱以下的低档钢笔。那时候人们常常在上衣口袋插一两支钢笔，显得既体面又有内涵。在当时社会上还流行一种说法：插一支钢笔的是中学生，插两支的是大学生，插三支以上的肯定是修钢笔的师傅。

一般修钢笔的师傅岁数都挺大的，花白的头发，手上和身上似乎总有洗不掉的墨渍，鼻梁上架着一副怪怪的黑框眼镜，像雕塑一样枯坐在小凳子上，眼光直直地盯着手心里那小小的笔尖。他的身边是一个打开的箱子，透过玻璃可以看到箱子被分成了一格一格，整整齐齐地摆放着各种零件。

修钢笔大都“立等可取”，笔帽坏了换笔帽，皮囊漏了换皮囊，若是笔身劈了，就用细细的铁丝打箍。修笔师傅的水平，体现在修笔尖上。用钢笔主要是用笔尖，经验丰富的师傅修笔尖靠的是手感，指头稍一用劲儿就能准确判断出笔尖有什么毛病，在用小锤敲或小钳夹的时候也必须恰到好处，用力大一点点就有可能把笔尖给毁了。修好后，师傅会用水把笔胆洗净，然后蘸了墨水，让顾客在纸上画画、写写。感觉不满意，再重新拆下笔尖打磨，直到满意为止。

修钢笔的利润比较低，一来钢笔的价格大多便宜，二来使用者多是莘莘学子，故而修钢笔一直是一个比较清贫的职业，修钢笔的师傅也是仅凭此手艺糊口而已。后来，随着计算机的普及，写字的人越来越少，用钢笔的人就更少了，再加上钢笔灌墨水麻烦且易损坏，人们更喜欢用方便廉价的签字笔来写字了。就算有使用钢笔的，用坏后大都会直接买新钢笔，而再也不愿花时间去修了。钢笔逐渐淡出人们的生活，修钢笔也成了渐渐离我们远去的老行当，只存于我们的记忆中了。

4. 小人书出租

对于20世纪90年代以前的孩子们来说，在假期能租一些小人书来阅读，是一件再高兴不过的事情了。那时人们的物质生活还都比较匮乏，不要说家家户户都有电视机了，就是有台收音机也是件很奢侈的事情。孩子们的假期作业也不像今天那么多，更没有家长让孩子去补习或者培养课外兴趣，因此孩子们的假期，大都会去小人书铺租借小人书打发时光，寻找乐趣。

小人书，也叫连环画或连环图画，是很古老的一种艺术形式，现在发现最早的连环画是长沙马王堆出土的西汉故事画。清末时石版印刷发达，连环画多起来，如上海出的“点石斋”画报，艺术已经相当纯熟了。20世纪20年代受到有声电影的影响，连环画中的人物也开始“开口”说话——人物口里像吐出块云彩，说的话就印在里面。这种图文并茂的连环画大受青睐，特别是到了五六十年代，小人书发展进入高潮时期。

那时，家家户户，不管大人还是小孩儿都爱看小人书，出租小人书便成了一种行业，全国各地的大城市、小城镇，差不多都有小人书出租屋、出租摊。书贩一般把小人书的封面彩图揭下来，然后将许多彩色封面集中起来挂在摊点附近招徕读者；屋里或摊边放了几条长长的木板或小凳子给顾客坐着看。因此，常常可以看到出租屋里、小书摊边，坐着很多孩子乃至大人，一人一本小人书埋头瞪目，心迷而神往。

有的地方还有一种流动的小人书出租。每至夜幕下垂，书贩便推着一辆手推式租书车，推着满满一车小人书，沿街吆喝，呼唤看客。逢到

人来，就把车子推到路灯下，以便人们借着灯光挑书。男女老少各抓一本在手，看完便与旁人交换。这就好比是那个时代“手中的电视”了。

那时候，一分钱可以租一本现场看，若要带回家，则需要多交一部分钱作为押金。而那时候百姓生活并不富裕，难得有人多花钱带回家的，一般都是在摊点看完再走。

小人书图文并茂，故事内容就摆明在眼前，即使是不识字的人也可以根据画面人物的身体语言猜出个大概。当时的小人书大致可以分为两类：一类取材于历史故事和古典文学，如《列国》《三国演义》《封神演义》《聊斋》等，一部古典文学可有三五十册小人书，一本接一本，连续出版；另一类是武侠故事、民间传说，情节比较荒诞。在没有电视的时代，捧一本巴掌大小、图文并茂的小人书，津津有味地看着，也不失为一大趣事。

然而，随着各类新媒体的发展和国外动漫的引进，小人书的地位逐步被取代，渐渐退出了市场。在书摊书店也很难再寻觅到小人书的踪迹，那些曾受宠于大众，给我们带来无限欢乐的小人书，已成了人们怀旧的纪念品和收藏品。

5. 送蜂窝煤

蜂窝煤，对于现在城市里的许多年轻人来说，也许已是个陌生词。但在没有使用煤气、天然气的年代，绝大多数家庭做饭、取暖用的都是方便实用的蜂窝煤。到 20 世纪 70 年代初期，随着城市人口增多，煤炭供需加大，出现了蜂窝煤供不应求的现象，还实行了按人口定量的票证供应。

那时，家家户户按月到定点煤店去买蜂窝煤。每到冬季，集中买蜂窝煤的人会更多。人们总会一大早就到煤店去排队，希望能买到晾晒干的蜂窝煤，因为它好燃烧。但由于冬季蜂窝煤需求量大，人们经常只能买到刚生产出时间不长的蜂窝煤，又湿又占分量，必须要自己晾一段时间才好用。所以一到冬天，大多居民楼的门口、楼道、院墙边都整整齐齐地摆满了晾晒的蜂窝煤。

一般只有上好的无烟煤，才适合做蜂窝煤。制作时首先要经过粉碎、和黄泥、和水等工序，然后才能进行压型。和黄泥、和水都是有一定比例的，多了煤就不易点燃，少了煤又会松散。模具是一个内有 12 根圆钢条的上下压模，把煤装进去，盖好上压板，再用木锤一阵猛

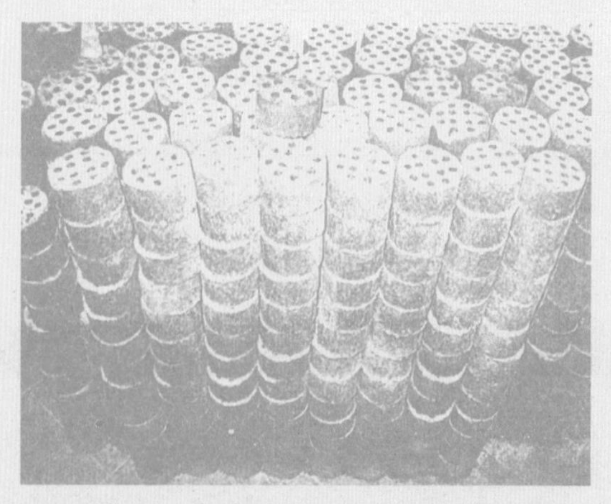

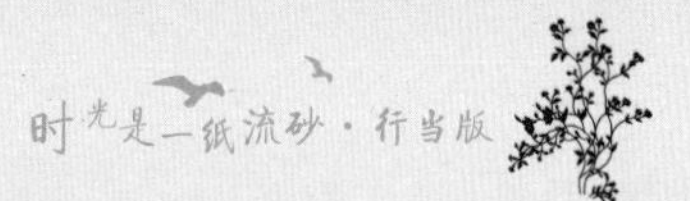

打，压到一个刻度，去掉盖板，把蜂窝煤倒出来，就算做好了。

后来，有了压蜂窝煤的机器，蜂窝煤的制作速度大为提高，但一些大的煤核可能没有被粉碎就被压进了蜂窝煤里，导致打出质量不好的蜂窝煤。

蜂窝煤一般有一大一小两种规格。那时，一个小蜂窝煤的价格大约是几分钱，后来每只的售价也才几角钱，而且还负责送货上门。

当时做送煤工是一个既脏又累的活，他们总是在头一天就在煤厂把蜂窝煤装好，第二天一大早就拉着一千多斤重的煤车，往需要的店铺和人家送，据说送一块煤才挣几分钱。

记忆中还经常能浮现出这样的画面：皮肤黝黑、脖子上挂着条毛巾、手戴一双漆黑的手套、弓着身子的壮小伙子，费力地拉着一辆装满蜂窝煤的三轮车，穿行在城市的大街小巷。

近些年来，随着液化气灶、电磁炉等新家电的兴起，用煤的人越来越少，除了少数居民及一些中小饭店，大多城市里全都用上了电、气等清洁能源，家庭用煤更是少之又少，蜂窝煤的市场生意越来越淡，送煤工的日子也越来越不好过，送蜂窝煤的行当正在渐行渐远。

6. 卖凉开水

还记得儿时，一到炎炎夏日，在街上总能看到很多卖凉开水的摊。他们或在路边梧桐树下，或在马路边的一个荫凉处，支起一张大桌子，桌子上通常摆满大大小小的玻璃杯，杯里装上凉开水，杯口还罩上一块小玻璃片。边上有守摊的摊主在张罗，过路的人们为解决暑天的干渴，通常会买一杯来解渴，边喝边坐下歇凉。等客人喝完，摊主把茶杯用开水烫一下，在清水桶里洗干净，再倒进凉开水盖上玻璃片。

此类商贩，南方人一般叫“卖凉开水”，但广州却叫“卖凉茶”，而且历史悠久，品种繁多，著名的有王老吉凉茶、夏桑菊茶、大声公凉茶等，这些百年老字号最初都是从茶摊开始经营的。北方人称这一行当为“卖大碗茶”，特别是北京的大碗茶在传统中又凝聚着文化的魅力，因而从过去的大碗茶发展到了今天颇具规模的老舍茶馆，老舍茶馆也成了老北京的一张名片。

在南方，卖凉开水的品种除凉茶外，还有糖水、白开水、西瓜汁、甘蔗汁等，一般都是家庭主妇经营，卖凉开水的摊主一般自己的住宅就在路边，这样就不会为了这点小买卖而花钱去租房子了。她们通常在门口摆一张桌子，有的也放上几条凳子，在桌上的玻璃杯里倒好各种饮水，为了表示卫生，他们才特意用方玻璃片盖住杯口。

小孩子都比较喜欢喝糖水和水果汁，但它们的价格在当时也不低，一杯糖水要两分钱，一杯水果汁要五分钱。有些无良的小贩十分狡诈，舍不得用白糖，而是用糖精代替，有时掌握不好分寸，水就会变成了苦

味，往往会招来人们的一片骂声。

成年人则比较喜欢喝凉茶，凉茶的茶叶一般都用的是老阴茶，这不是普通茶叶，而是一种树叶，煮沸后，茶水会变成红褐色，能生津解渴。这种茶如果是生了茶虫的，味道和功效会更好。一杯凉茶十分解暑，却只收一分钱，这对平时进城来的农民来说的确挺实惠的，所以也以他们喝得最多。

现如今，卖凉开水的摊子大都改卖可乐、矿泉水了，外加香烟、糖果、卫生纸什么的，凉水摊子变成杂货铺了，儿时的凉开水的味道已不复存在。

7. 车把式

在农村还没有普及拖拉机、汽车的年代，人们要运什么东西，不用人力就用畜力。用畜力的话，也就离不开那些赶车的人，即车把式。在当时，车把式是很威风的，驾着农村最好的交通运输工具——牛车或马车，手执一根长鞭，在空中挽个鞭花，一声吆喝，牲口便听话地跟着走了。

车把式驾驭的牲口，有的是马，有的是骡子，有的是牛，但都不是温顺的牲口，因为脾气暴烈的牲口力气比较大，一般人还收拾不了。对于车把式，从套车、赶车到修车都需要有一定的技术，加上他们经常走南闯北，比一般的乡亲接触到的外界信息和经历的事情多，因此很受乡亲们的信任和崇拜。在那时，车把式被人们认为是生产队里的能人。

车把式的年纪一般在 30 ~ 50 岁，由于长期在太阳下晒着，皮肤一般都变成了很深的古铜色。车把式从“跟车”（装卸货物）学起，到能够独立掌鞭，起码也要学上一两年。要锻炼成能应付各种道路、气候情况的成手，则还需要一段时间，绝非一日之功。他们有的赶自家的车，但也有不少是受雇于养车之家，近似于“长工”的身份。挣钱不多还要长年在

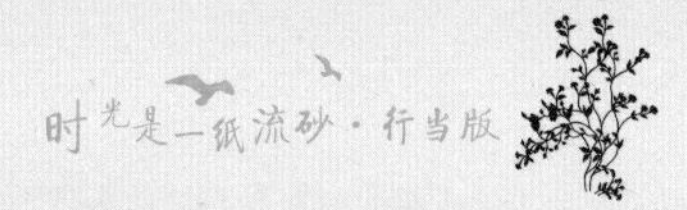

外、起早贪晚、顶风冒雪，也是一个很辛苦的行当。

车把式赶的大车分为拉运货物与乘客两种，前者要求牲口膘肥体健，车辆也比较粗大，可载重走长途；后者多是老马小驴，车辆则要求矮小、干净、舒适一些，很多车还搭有拱状车篷，用来遮风挡雨，车中铺有棉布垫子或席子。每逢过年过节，游人如织，这些载客的大车就可以一显身手，收入还很可观。当然，养大车的人家逢外出赶集和走亲戚串门、接闺女回娘家等场合，家人和亲友也就可以免受步行之苦了。

在过去，能拴起大车的，都是小康以上人家。因为牲口和工料所需的钱，几乎和盖三间房不相上下。而如今，汽车、农用机动三轮已逐渐取代了各种各样的牲口拉的车辆，已经很难再看到车把式了，或许一些偏远的山区还能再觅到他们勤劳的身影。

8. 剃头挑子

《孝经》里说："身体发肤，受之父母，不敢毁伤。"在古代，损伤头发被看做是一种不孝的行为，人们也都不剃头。因此，在中国很长的一段历史中是没有理发业的。

直到清军入关，清廷强令汉人按满人的习俗剃头梳辫，为此曾在北京东四、西四、地安门与正阳门前搭建剃头棚，内供清帝圣旨牌，勒令过往行人入内剃头，违者斩首，这便是所谓"留头不留发，留发不留头"。

当时这种剃头棚是执行命令的官棚，并不收取任何费用。后来清政府为了彻底贯彻这一命令，又批准军中伙夫申领牌照，在各处街巷建棚或担挑子串户剃头，这便产生了专门剃头的行当。那时的剃头少有坐商，多是些行商，也就是人们所称的"剃头挑子"，这一行当差不多一直延续到了本世纪初，才慢慢消失。

剃头者肩挑一根长长的扁担，一头是专供剃头客人坐的长方坐凳，多为深红油漆刷面。坐凳从坐面至凳子腿间，设有三层抽屉：第一层是放钱的，上着锁，钱是从凳面上开着的小长方孔里塞进去的；第二层是放剃头要用的剃刀、推子、梳子、剪子等工具的；第三层是放毛巾、围布的。这一头是冷的。

另一头是一个长圆形的桶，里面放着小火炉，炉子上有个大边沿小深底的特制铜脸盆，盆内的水时常保持着适当温度。桶下边有三条腿，其中一条腿向上延伸成一根小旗杆，杆上有钩，可以悬挂毛巾、钢刀布等，据说旗杆是当年强令汉人剃发留辫的法令标志，全国都是统一的，这一头是热的。

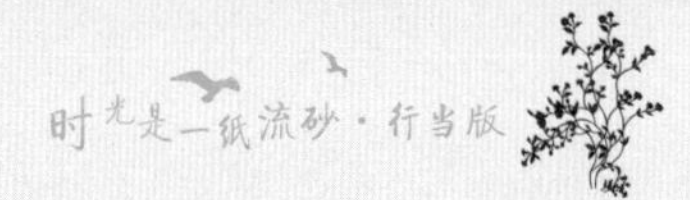

这一冷一热，就衍生出了人们常说的歇后语“剃头挑子——一头热”。剃头匠走街串巷不用像其他匠人商贩一样扯开嗓子满世界地吆喝，他会用一种叫“唤头”（是两片似镊子的铁片，用铁棍在中间急速拔出，就发出“嗡嗡”的金属振动声）的工具来招揽生意。人们一听到“噌噌”声，就知道剃头的师傅来了。

剃头匠，最基本的技术当然是剃头、梳头编发辫和刮脸。此外还要懂得捏筋拿背、掏耳朵、剪鼻毛、清眼目等。剃头师傅洗、剪、推、刮手脚麻利，行云流水，一气呵成。传统的剃头师傅服务很周到，据说他们为一个顾客刮胡子刮脸，不会少于 360 刀。他们给客人刮脸时，用热毛巾在两腮敷上片刻，再擦点肥皂，将剃刀在那块被油垢染得锃亮的牛皮上“啪啪啪”大刀阔斧地走几下，那薄薄的刀子似乎更加锋利了，刀片儿在理发人的两腮游动，刀走龙蛇，嗖嗖生风，那些硬茬茬的胡须就纷纷应声落地了。

剃一次头，不只是修正一下发型，让须发整齐、面目一新，而且头肩各部都要舒适清爽。再看那理发的，舒服得就似要昏然欲睡过去。特别是快要过年的时候及农历二月二，剃头匠人的生意就格外好一些，有钱没钱都要剃头过年。

如今，不管是大街还是小巷，林立街头的都是些美容美发店和发廊，别说剃头匠了，就是城市的老理发店也很难找到了，剃头匠的身影已渐渐淡出了人们的生活。

9. 接生婆

接生婆是门古老的职业，古代叫稳婆或产婆，是至少在汉代就已形成的一种独立的职业。那时的接生婆虽未念过专门的学校，但也绝不是无师自通，大部分是由老接生婆传帮带，经过相当长时间的锻炼才能正式单独接生的。

传承到20世纪六七十年代，每隔三里八村，就会有一个很有名气的接生婆。当时医疗条件落后，那时怀孕的农村妇女十之八九都没有进过医院，而是在自家由接生婆帮助生产，有的家庭，一家三代，由同一个接生婆接生。所以，接生婆一直是一种很受人敬重的职业，无论走到哪里都会受到隆重的欢迎和热情的接待。接生婆的年龄一般在40 ~ 60岁，大多有过生儿育女的亲身经历，而且懂点粗浅的卫生知识。接生婆的技术通常是传给自己的女儿或媳妇，一般不传给外人。

接生婆所使用的接生工具很简单，通常就是一把剪刀、一块毛巾、一个脸盆。过去也没有什么检查仪器，对孕妇腹中的情况只能凭经验估摸，有名气的接生婆大多是通过多年的接生锻炼出来的。做这一行，经验往往比技术更重要。

接生婆大多都比较热心，不管什么时候，什么天气，只要哪家产妇要生了，立马就会赶过去。到了产妇家里，接生婆洗完手便走进产房，一边询问，一边观察，吩咐家人准备一盆热水和剪刀，做好产前准备，接着一直寸步不离地守在产妇身边，直到孩子生下来。如果遇上难产，还得守上几天几夜。

当婴儿呱呱坠地之后，接生婆会迅速掰开婴儿的双腿，鉴定性别，并马上向房外通报。凡是男孩儿，接生婆就惯用“毛笔杆片”为婴儿切断脐带，象征着将来长大识文墨，会做官；如果是女婴，通常采用“破碗片”或“家用剪刀”断脐带，象征着长大成为善于料理家务的贤淑妇人。

生产过程要顺利的话，接生婆就初步完事，产家会奉送红包。婴儿出生三天后接生婆还要上门“巡脐”，有些地方接生婆在这天要用柚叶、艾叶和老姜等煮水给婴儿沐浴，称之为“洗三朝”。有的地方“过腊”“开腥”“满月”，产家还要给接生婆奉送礼品或红包。

在过去那种医疗条件下，即使有接生婆，那时的婴儿成活率还是比较低的。接生婆在接生过程中为婴儿切断脐带所使用的工具，因为没有较好的消毒方法，新生儿很容易感染破伤风。没有相应的抢救措施，有些产妇在生产的过程中如果出现大出血、昏迷、虚脱等症状，大多接生婆都是束手无策的。如果遇到难产，那母子的生命都是极其危险的。因此，老百姓有句俗话说，妇女生孩子就是在鬼门关前走一遭，是一手倚炕沿，一手扶棺边，孩子的生日就是娘的难日。

20 世纪 80 年代后期，随着农村医疗条件的不断改善，越来越多的人家生孩子都会选择到医院生产，民间接生婆也慢慢失去了用武之地，逐渐被新型的妇产医院所取代了。

10. 缝穷

缝穷，是旧时的一种老行当。缝穷是北方话语，南方则直接呼为“补衣服的”，指一些专门为穷人缝补衣裳的贫苦妇人。

从事缝穷的一般都是些中老年妇女，生活十分清苦，多因家中男人贫病，无法维持生计，要不就是寡妇生活没有着落，才抛头露面做此行当。来补衣服的多是些穷光棍汉，给多给少都随便，所以一天下来也挣不了多少钱，很是可怜。俗话说：“缝穷缝穷，越缝越穷”，讲的就是这一行的命运。

缝穷活跃于20世纪五六十年代，那时经常可以看到一些缝穷的妇女们带着一只装了剪刀、针线和零布等东西的竹篮子，一把能展开合拢的活动小凳走街串巷，她们有时会选择坐在人家店铺门口，有时会摆在街头角落边，有时也会上居民区去转转，但更多的时候还是会到人流如织的车站码头摆摊。

在摆摊期间暂时没生意，她们也不会闲着，她们会利用这段时间做一些准备工作，比如预先穿好几只针眼，以作备用；把各边角料根据大小、花色分门别类放置好，以便到时能快速

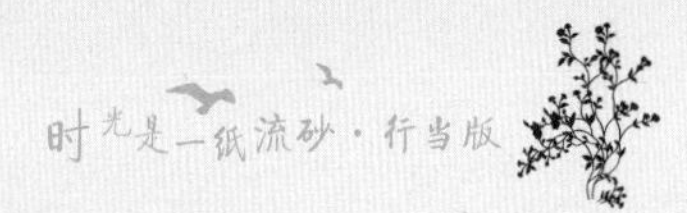

取料补缀；用剪刀将粗布依样剪出椭圆形的或宽脚掌形的布片补丁，再将剪好的补丁以 2 ~ 3 层的厚度叠放在一起，进行缝合……

前去缝穷的，多是些干重体力活的汉子或同为走街串巷的小贩，这些人的衣裳裤子要比一般人磨损得厉害，特别是袖口、膝盖和屁股几个地方常常会磨破。于是，这些缝穷的妇人就会根据这些顾客的情况与需求，在他们衣裳袖口、裤子膝盖和后屁股缝补上两三个厚而整齐的椭圆形或脚掌形的补丁，最后往往是别的地方破了，但这几个“补锅盔”却仍完好如初。

缝穷者只要是自己会做的活，一般都不会拒绝，比如有的男人把新买的袜子送到摊头去缝穷，她们会先将新袜子的袜底中间开一条缝，接着将袜子翻到脚帮上，再用事先缝做好的“布鞋底”装缝上去，这样一来，新袜子的寿命就大大延长了，穿很久也不容易破。

凡是出来缝穷的妇女，针线活都出众，因此她们平时也会做些诸如鞋垫、尿布、千层底布鞋之类的针线品来售卖。虽然这些针线品都是用零碎布头做出来的，但缝合拼接合理，富有美感且扎实耐用，因此生意还不错，特别是对于一些穷人来讲，比较经济实惠。

后来不知道从什么时候开始，缝穷已经改叫缝补匠了，而且只在一些比较偏远的山村或者小镇，或许还能看到她们的身影。而缝穷这行当却已消失，关于她们的记忆只能留在老一辈人们的回忆里了。

11. 翻瓦匠

以前，不管在城市还是农村，人们大多住的都是小青瓦盖的平房。这种房子年代久了，尘土、枯枝碎叶和各种各样长在瓦楞里面的杂草，就会堵塞瓦沟，或者瓦片碎裂了，一到下雨天，房顶就会漏雨。这时候，就需要对屋顶进行修整和更换瓦片，不然就没法住人了。所以，就衍生出了翻瓦匠这一行当。

翻瓦匠一般三五个人一伙，他们分工明确细致，干起活来很讲究速度，一户人家屋顶的瓦他们只需一个白天就能翻完。因此，他们一揽到活，都是天亮开工，天黑之前必须完工。干活的时候，他们中的两人在房顶翻瓦，一人站在房檐边接下面递上来的瓦，下面的人就把瓦摆放整齐，另外一个人根据更换情况，去砖瓦窑买瓦。待一座房顶瓦梁全部露出来后，再用扫帚清除掉杂物，开始重新盖瓦。

如果房檐、枧水槽出现了裂缝，瓦匠们就会用石灰加剁断的麻筋来作黏合剂进行处理，比较坚固，一般一个晚上就干好了。

瓦盖好后，还要把瓦楞、屋檐重新做过，稍微讲究些的人家还要求翻瓦匠在瓦脊两头刻

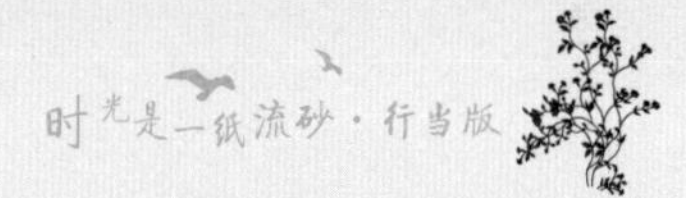

莲花、龙头。大户人家要在瓦上塑些神话传说人物，这就不是翻瓦匠能够胜任的了。

辛辛苦苦干一整天活，主人一般会免费供应茶水、香烟，中午、晚上两顿饭，活干完后会立即结算费用。翻瓦匠的工价一般是按房子的面积以及补的新瓦数量计算，比较公道，而且清晰明白。

待一切结算清楚后，多是傍晚时分了，辛苦了一天，瓦匠们在酒力的驱使下，哼着一些小曲，披着一身月光，伴着工具挂在屁股后面响起的“哐当哐当”的撞击声，慢慢朝家走去。

如今，随着城市化的速度不断加快，老城区在不断地拆迁和改造，瓦房在成片地被推倒，新的高楼大厦拔地而起。高楼大厦都是混凝土和钢筋的结构，为了避免漏雨等缺陷，屋顶都是使用的新型材料，不会再使用以前的那种小青瓦了。与青砖瓦房同在的翻瓦匠也就逐渐退出了历史舞台，在时光的隧道里慢慢被消磨掉了。

12. 收荒匠

“橘子皮、牙膏皮、兔皮、破铜烂铁、废纸、旧书、鸡毛、鸭毛、鹅毛，拿来卖哟——，还有针头线脑儿、雪花膏、老汉布鞋、剃头刀、木梳、香皂、山楂糕儿……”还记得小时候，每当街上响起收荒匠这富有山歌味儿的吆喝，家家户户的老太太小孩儿，还有大姑娘小媳妇们的心就开始痒痒了，然后在床下或门边找一些废铜烂铁、废牙膏等。

在以前，收荒匠以中老年男人居多，他们总是肩上挑着一副挑子，手里拿一杆秤，有的背上还背个木匣子，里面放些小百货和副食，因此有的地方还称他们“货郎担儿”。他们走街串巷，沿街吆喝，他们的声音大都铿锵有力，每隔两三分钟就吆喝一次，两三里外都能听到。有的收荒匠还习惯拿一个拨浪鼓儿，伴着奏吆喝。

时间早一些的收荒匠，并不是付钱的，而是以废旧物品来换东西。比如锅、碗、盆、筷子、糖果、卷烟、白酒、草纸等，这些都是生活必需品。他们可以通过一些门路，搞到这些处理品，再以物易物，这样能从中挣两次钱，当然就比纯粹付钱更划算了。

那时候，人们的生活一般都不富裕，而且人们的手里都没有多少现钱，买什么生活物品都需要票证，孩子们手中就更没有零花钱了。于是收荒匠来了，人们也乐得把自己身边闲置的或不要的东西跟他们交换一些生活必需品。大人们会把平时积攒的废品用来换取针线、洋火、肥皂什么的；孩子们拿着家长给的或自己平时捡来的碎铜烂铁、废塑料、乌龟壳、猪毛鸡毛鸭毛、废纸旧书、牙膏袋子、烂鞋子、烂片巾子等来换取些低档玩具或文具，像布娃娃、玻璃球、橡皮球、吹叫、洋画、铅笔、作业本、笔盒等。

后来，随着生活的改善，老百姓的物质生活也丰富起来，就不愿意再换收荒匠的处理品了，直接让收荒匠用钱买他们的东西。收荒匠也只好开始蘸着口水数钞票了，他们身上揣的大多都是 1 角 、2 角、5 角的角票，摸出来一大摞，显示自己资源充足，实际上却没多少，所以从没听说过收荒匠被抢的事。

其实呢，收荒匠一般收入都是比较可观的，别看他们永远都是一副担子，穿着老土。随着人们生活条件越来越好，特别是一些有钱人家里装修，破烂直接就扔了，不会想到卖钱，所以一些收荒匠还会到垃圾堆里寻宝。如今，在街上或小区周围，还偶尔能遇见一些收荒匠，不过他们的行头早已换成了三轮车或者四轮的货车，拨浪鼓也换成了大喇叭，这都不得不感叹时代的进步。

13. 流动照相

“咔嚓”一声，一张照片，定格的只是一个画面，记录的只是一个瞬间，然而留给后人的，却是一个时代的记忆。作为这些时刻的见证者，照相师傅功不可没，如果没有他们，谁又将这似水年华定格为永恒的回忆呢？

记得在20世纪照相机刚出现在老百姓生活中时，人们都认为相机的闪光灯会摄取人的魂魄，刚开始很多人都不敢照相，对那个奇怪的相机“匣子”既好奇又害怕。渐渐地，人们发现照过相的人并没有发生什么意外，最重要的是这张给人们惊喜的相片不仅可以铭刻下美好的时光，还可以送给亲朋好友，甚至是心上人。因此，人们开始接受并且逐渐喜欢上了照相，而流动的照相师傅也开始奔走于乡村与城市之间，给人们带去了极大的快乐和满足。

到了20世纪50年代末至60年代初，照相的人开始多起来。那个时候大多是照一寸或者两寸的黑白照，照片很小，所以通常都是单人照。尽管如此，对于照相的人来说，还是一件非常开心的事。当然，因为条件有限，也不是所有人都能照上相的。虽然一张一寸或两寸的黑白照需要 5 ~ 8 分钱，今天看来也许不值一提，但对于很多山村里的穷苦人家来说，还是一笔不小的开销，这钱确实舍不得花。所以，那时能花钱照相的也算得上是“有钱人”了。

照相师傅要是来到村里，一些有钱人家的女孩子就围着他转，她们都特别爱照相，总是让师傅在池塘边、大树下，给她们照上一张黑白照片。后来，除了黑白照片外，还可以用颜料在照片上涂颜色，而且还不容易褪色，这就更招姑娘们喜爱了。

每次照完相后，大家都将自己的姓名、地址留给照相师傅，等师傅洗完后送过来，然后再给钱。由于交通不便，师傅照完相要隔好几个星期才能把照片送过来，这让姑娘们总是望眼欲穿，等得心急。如果想要快一点看到照片，就需要加钱，让师傅第二天再跑一趟。

另外，谁家有什么喜庆的事情，比如说结婚或者生小孩，也都会请师傅来照相。除了这种特别邀请，照相师傅通常在农闲的时候才来。但只要照相师傅一来村里，村长就会告诉村里人，让想照相的人赶快出来。

有的学校的老师和学生比较喜欢拍照，所以有时候，照相师傅还会背着装有相机的黄书包，去附近的学校溜达溜达。

如果要照证件照，师傅就会在你的背后挂一块布，帮你把头发梳得溜光溜光的，以免杂乱的背景和蓬松的头发影响相片的整体效果。

其实说实话，这些流动照相的师傅，摄影技术都不怎么样，仅仅是能够按动快门而已。与真正的摄影家相比，有着天壤之别。

随着时代的进步，居民生活水平提高了，数码相机、摄像机等开始进入寻常百姓家，流动照相这个职业在科技发展的逼迫下逐渐退场。而背着老式照相机，奔走于城市与农村之间的照相师傅也渐渐被人们淡忘了。

14. 打铁铺

打铁，是一门传承了上千年的原始锻造工艺，当人类进入刀耕火种的时代，便有了铁匠。打铁这门手艺也很辛苦，想学打铁就要能吃苦耐劳，俗话说：世上有三苦，撑船、打铁、卖豆腐。

打铁不仅累、脏，而且收入也不高，还不容易学，一般都要学好几年才能出师。在过去，打铁手艺比较吃香，不少老人都希望自己的孩子能学会这门手艺。但如今的年轻人很少有谁会愿意去学，随着时间的流逝，这门手艺也将面临失传。

曾经，在中国农村，几乎村村都有一个小小的打铁铺，这些店面往往都设立在比较显眼的地段。一走进村子的巷道，耳边便不时传来一阵清脆悦耳的铁器敲打声，如同一曲自然的乡村余韵，亲切、悠远，耐人寻味。

在打铁铺里面，前面都会放个大火炉，长长的烟囱直冲屋顶，鼓风机一吹，炉膛里的火苗就直蹿。更早一些的打铁铺，用的还不是鼓风机，而是在炉边架一个风箱，风箱一拉，火苗就会旺起来，但这样一来，就更累。屋子里摆放着陈旧的打铁机器和各式破旧的铁具，烧得

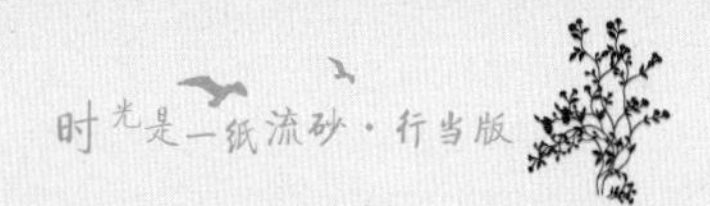

通红的炉子映着灰黑的墙壁，飞溅的“铁花”使人躲闪不及。打铁师傅将要锻打的铁器放进火炉中烧至通红，迅速移到打铁墩上，一番捶打，一身汗雨，铁料就变成了想要锻造的物件。

打铁工艺复杂，光是打一把菜刀就要 8 道工序，首先要将铁放进高温的火炉里面烧软了，然后经过热处理、淬火、磨砂机打磨等工序，一把菜刀才算完成，而打制其他铁器则需要的工序更多。

在老铁匠手中，坚硬的铁块可随意变成想要的形状，只要将铁烧热了，就能根据需要打成不同的形状。在锻打的过程中，要凭目测不断翻动铁料。人们常说的“趁热打铁”就是这个道理。

现在打铁铺打的铁器成品主要是锄、镐、镰等与传统生产方式相配套的农具，也有部分生活用品，如菜刀、锅铲、剪刀等。手工打造的东西质量都很好，一把菜刀，一般都能用上几十年。

随着现代科技的发展，古老的打铁铺也在慢慢变更着固有的方式：木炭改用了煤炭，手拉的风箱变成了电控的鼓风机，锉刀手工打磨换成了电动砂轮自动打磨……

可是尽管如此，随着机械化时代的到来，昔日的手工打造已逐渐被机械化制造所取代，打铁铺还是逃不过被淘汰的厄运。铁匠铺那响彻千年的“叮叮当当”声，也慢慢退出了我们的生活。

15. 流动爆米花

记得小时候，一听到街头的“爆米花”吆喝声，小朋友们就会很兴奋地从家里带着米和盆，顺着声音找过去，那空中弥漫的香气是现在任何食物也无法取代的。

其实，爆米花的历史很久远，我国在宋代就有了，当时，在新春佳节的时候，宋人会用爆米花来卜知一年的吉凶，姑娘们则以此卜问自己的终身大事。宋人在饮食中融入了文化，使之有了更丰富的内涵。

国外的记载则可以追溯到哥伦布发现“新大陆”时，他发现当地的印第安人有吃爆玉米花的习惯。他在返回欧洲后，曾向人们描绘了“新大陆”上的印第安儿童用爆玉米花串成项链在街上兜售的生动情景。只是由于当时的“工艺”所限，在口感上远远不如当代爆玉米花松脆而已。

虽然爆米花有这么长的历史，但给我们印象最深的恐怕还是儿时街边那转动的爆米花炉。炒爆米花的师傅一般都是男的，他们会先将称好的米倒入黑锅，将盖子封住，架在火炉上，然后不停地转动，这个时刻对于我们来说是很漫长的。

当师傅判断火候差不多了的时候，就会立即停止加热。一边吆喝“开炮咯，开炮咯”，一边将爆米器架好，用两根铁棒交叉插入专为打开盖子而设的小孔里，将手摇爆米花机从火炉架子上取下，然后用编织袋罩住机器口，用绳子扎紧。这时候，周围的小朋友们早已躲得远远的，胆小的都用手捂住耳朵。

随后，师傅摆好架势：左脚踏住机器，左手握着一根铁棒定住机器，

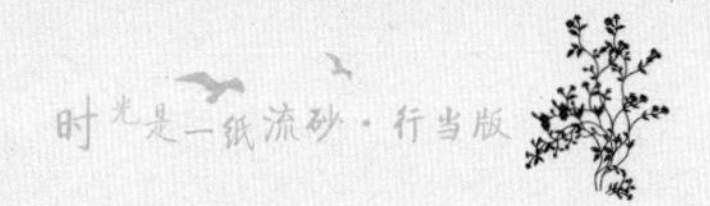

右手快速猛击另一根铁棒，只听得“砰”的一声，黑锅里的爆米花悉数冲入编织袋，一股白烟便从布袋里飘溢而出，一股浓浓的爆米花香气顿时扑鼻而至，米香四溢。

那时候的爆米花除了大米，玉米和小米也都可以用来爆，再加入一些酥油、糖，一起放进爆米花的机器里，做出的爆米花香甜可口，松脆易消化，很受小孩子们的喜爱。

随着时代的发展，街头转炉式爆锅逐渐落后，再加上锅中含有铅，在高压加热时，爆锅内的铅有一定量会熔化，一部分铅就会变成蒸汽和铅烟，特别容易吸附在疏松的米花上，极易发生慢性铅中毒，并能导致儿童食欲下降、腹泻、烦躁、牙龈发紫、抵抗力下降、生长发育缓慢等。因此，有的家长也不愿意孩子再吃这类爆米花。

这样，街边的转炉式爆米花机便慢慢退出了人们的视野，逐渐被不锈钢制的爆米花机取代。现在的爆米花在加工时，为了让爆米花的味道更诱人，加入了不少的人造奶油，个别口味的爆米花还会加入一些香精；为了让爆米花更漂亮，还要往里面加些色素，给它穿上了美丽的外衣。虽然花样越来越多，但对我们来讲，儿时的味道却早已不复存在了。

16. 巫婆、神汉

一个很正常的女子，突然失去自控，说话腔调像一个早死之人的，所说内容也是这个死人的事。她几乎饮食不进，卧床不起，不省人事。人们称她是“磨影儿”。经过数天折腾，被民间公认为“影儿”。也有的男子，饮食不进，卧床不起，自称为天上某一神，事后被人们称作“端公”。这磨影儿和端公，就是巫婆、神汉。

巫婆神汉的历史十分久远。考古学家发现，在两三百万年以前，人类的头脑还没发育完善，加上生产力低下，人类不可能形成抽象思维。而当人类进化到旧石器时代中晚期时，那时因为人们的认识有限，就把无法理解或无法解释的事情都归之于神。特别是遇到疾病灾难时，一般都会乞求神的保佑，这样就逐渐产生了以祷祝为职业的巫人。并一直延续到现在，与生长力的发展背道而行。

从事“磨影儿”“端公”职业的人往往都是年纪偏大的中老年妇女及男性，也许因为在人们眼中，人们更愿意相信老年人才具有更神奇的力量吧。而且，他们“作法”时，往往会产生一些奇怪的、令人无法解释的现象，这就更引发了人们的好奇与膜拜，就在20世纪中期，农村里边好多人家有人生了病，也都不去看医生，而是请来巫婆、神汉予以治疗。

他们多会利用人的心理状态“对症下药”“看病”骗人，有时也能缓解病情，个别精神不振而无实病的患者，巧合治愈者亦有，这就显得“很灵”。真正身体有病的患者，请他们治疗，往往会酿成悲剧。

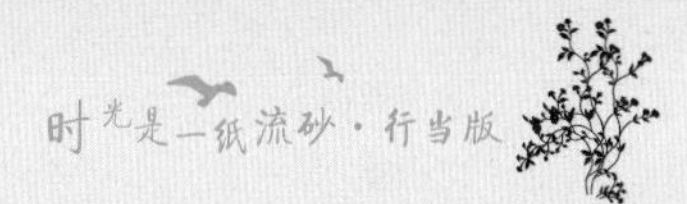

他们常于夜间秘密活动，“看病”时装出一副“神经样”，将患者统统说为“某仙、某怪缠身”。于是“端公”降妖，即用黄腊条或桃条抽打患者，说是将妖赶跑。再者就是在患者面前舞刀弄剑，以示灭妖。“影儿”多用烧香、叩头、拜佛上供等形式，把“仙”请出去。

时下，随着生产力的提高，人们已不像以前一样迷信，加上巫婆、神汉的把戏也在逐步被揭穿，他们也就没有了多少生存空间，在城乡也就很难看到他们的身影了。

17. 卖耗子药

俗话说，“老鼠过街，人人喊打”。提起老鼠，人们是又惧又怕。它们经常昼伏夜出，偷东西吃；为磨牙齿，还咬坏家具、棉絮、衣物等；夜间还闹腾得人无法安睡；还会传播一些有害人体健康的鼠疫、细菌等。老鼠的繁殖力极强，但它们经常躲藏在洞里，不容易捕捉。为了消灭老鼠，人们想尽各种办法，甚至在20世纪的五六十年代，政府还将它列入“四害”之列，号召大家起来灭掉鼠害。

为了消灭老鼠，人们发明了鼠笼、鼠夹，有的还养猫来对付老鼠，但老鼠非常狡猾，往往效果都不明显。后来，人们便发明了含有化学成分的老鼠药，于是又有人将卖老鼠药当成了一门职业。

北方人常把老鼠称为“耗子”，所以管卖老鼠药的叫“卖耗子药”。那时，经常可以在街上看到一些卖耗子药的肩头上背着一串死耗子，意思是告诉大家，这些死老鼠全是他卖的“耗子药”毒死的。他们手里还拿着一副竹板，边走边敲边喊：“卖耗子药来！”

卖老鼠药的人都很会编顺口溜，他们一边走一边唱，很快就会吸引很多人过来围观。这时他见时机已到，就从小布袋中掏出一包包老鼠药摆在地上，随后又唱道：“老鼠药，不值钱，一包只花一毛钱。省吃一根小冰棍，少抽一根名牌烟。自家屋里保安全，老鼠一夜全归天。”

这些小贩卖的药有的真能毒死老鼠，不过也有卖假药的，你要说他老鼠药不灵，他会回答你：“你怎么知道不灵，老鼠吃了我的药全部死在洞里边，你看不见死老鼠就说药不灵，真是天地良心啊！”买药的人

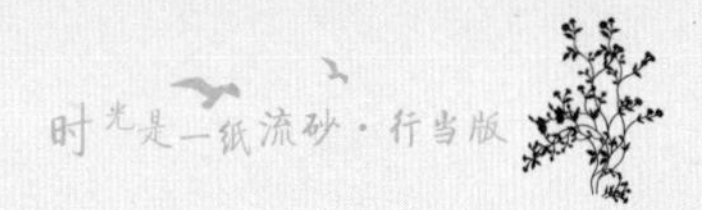

想想他说的也有些道理也就不争了。但到底灵不灵只有老鼠才知道。

用鼠药灭鼠很简单，只要将老鼠药拌入饭食或米粒之中，放在老鼠经常出没的地方，引诱老鼠出来吃，一般吃完就会毙命。小小一包鼠药，不值钱，但它面向千家万户，日积月累下来，收入也很可观。改革开放后，也有人靠卖鼠药发家致富的，卖耗子药的曾经遍布全国各地。

据说旧时卖耗子药的最忌讳家里穿铜钱的绳子被老鼠嗑断了，或是把铜钱嗑出了声，或是把纸票子嗑坏了，或是听老鼠的叫声像铜钱响。人们说这叫“耗子数钱，离灾不远”。他们认为这是耗子在替人算卖了多少耗子药，赚了多少杀生的钱。如果遇到这种情况，卖耗子药的人就会心神不安，有的还会去佛前烧香祈福，有的甚至从此洗手不干了。所以，卖耗子药赚的钱多是放在老鼠绝对嗑不着的地方。

有的耗子药毒性很大，有时候免不了人因误食而中毒，或者有的人想不开自杀而吞食耗子药，甚至有的熬鼠药的老板，在路上走得好好的，忽地头昏眼花，口吐白沫，就没命了的事情，也有发生。并且，投鼠药后，老鼠死了，村子里别的动物，猫啊，狗啊，也可能误食而死掉。死老鼠也难找，要是死在墙缝里，也没有办法找出来，经常弄得满屋子臭烘烘的，苍蝇到处飞，实在不卫生。

20 世纪末，有关部门对耗子药的销售渠道进行了控制管理，卖耗子药的也渐渐改行做起了别的生意。如今，大街小巷再也见不到卖耗子药的小摊贩了。

18. 电话总机

电话在我国最早作为通信工具使用，是在一百多年前的上海，后来才逐渐普及开来。

在早期，人们称坐在电信局（以前称电话公司或邮电局）交换机前应答操作的人叫接线生，新中国成立后改称为接线员或话务员，简称总机。

那时，能够坐在一间干干净净的、亮亮堂堂的电话总机房里面，听清脆的电话铃声此起彼伏，头戴耳机，柔声细语地为社会各界人士接通天南海北，是无数年轻女性的梦想。作为声音的二传手，电话总机尽管是工人编制，但在很长时间都是受到人们尊敬的职业。不少人通过各种手段，做梦也想当上总机。

在当时，没有程控机、手机、互联网，电话是由机房接线员手工接通的，人们打长途电话，需要通过接线员的手工不断地将连接插头插上、拔下来完成。对于当时的人们来说，电话是何等神奇，接线员多么时尚就不必说了。

接线生一般都为女性，她们头戴耳机话筒，手拿塞子，嘴快手勤，坐在总机前忙碌不堪。总机号牌掉下，她们马上会询问要接哪里，待你报出对方单位名称或号码，接线员复述无误后，她们会迅速将塞子插入另一用户塞孔内，并进行摇铃（也叫震铃），对方接电后，拔掉塞子。广大农村的接线员，还会担负起抄收电报、翻译电报的任务。

可见当时要打长途是很困难的，人们需要向接线员报告自己的单位名称、账号和姓名，然后挂机等待接通（有时甚至需等上半小时）。接

通后，声音还很小，要大喊大叫才听得清，而且距离越远越糟糕。这种现象，直到20世纪80年代末的一些农村还能看到。

新中国成立前，除了一些厂商外，能装上电话的一般都是军政要员或者有钱人家，与普通老百姓毫不相干。后来电话开始普及，特别是街头附设在商店内的公用电话从无到有，并且日益增多，记得刚开始打一次才3分钱，很是便民，但私人家里安装电话的还是很少。改革开放以后，人们真正富裕起来，这一通信工具才逐渐进入到千家万户。

这样，内线都转为了程控电话，电话总机也不需要了，这一职业也慢慢成为了历史。

19. 乡村广播员

在过去的年代，乡村广播员给许多人留下过美好的记忆。那时，家家户户几乎都有小型的广播喇叭，而大广播喇叭被送到村子周围的山顶，广播喇叭也是村民们唯一传递信息的工具。

有广播喇叭，自然就有广播员。当时，做广播员是一件很风光的事。只有年轻、形象好、音质好的村中男女才能担任，如果被选中了，那就表示自己的能力得到了认可，在背后人们也会竖上大拇指赞扬一番的。

早上，广播员要准时起床放广播，在悠扬的广播声中，乡村从黑夜中渐渐醒来，村民们开始了一天的生活与忙碌。黄昏，村民在广播中结束了一天的劳作，迈着悠闲的步伐回家。广播员有时也会应村民要求播放一些村民喜爱的节目或歌曲。

遇上有事情时，广播员就得在广播里通知村民知晓。所播出的内容一般有这几种：一是电影通知，如选在太阳落山以前，这时人们大多还在田地里劳作，广播员先播放一段音乐曲子，然后传出广播员优美的声音："下面播送电影消息，下面播送电影消息，今天晚上七点半由大队放映队在大队放映《南征北战》，请大家踊跃观看。"二是劳动通知，村中有重大劳动，都要通过广播进行通知，比如扫雪、水利工程等，通知就是命令，村民听到后要迅速到位。三是起火通知，村中某处发生火情时，广播员要及时通知大家，让人们救火防火。

作为一名乡村广播员，其实并非仅放放广播那么简单，广播站的设备也需要维护，这些都是广播员来承担的。上山爬电杆检修喇叭也是常

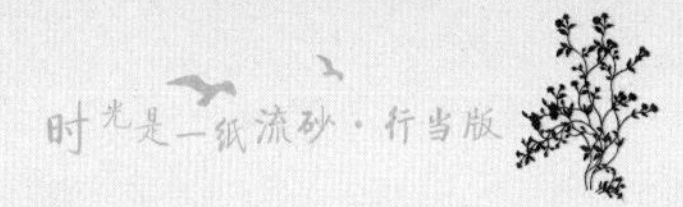

做的事。那时的广播员是挣工分的，不参加村里的劳动，他们说话标准，很多村民都愿意听到他们的声音。

时过境迁，在电视、网络普及的今天，乡村广播渐渐从人们的视线中消失，而乡村广播员也仅在一些偏僻的乡村才看得到了。

20. 裁缝

裁缝这门手艺，是随着人类社会分工的逐步细化而诞生的。旧时的裁缝主要分两种，一种叫店铺裁缝，一种叫上门裁缝。普通老百姓家里面有婚丧嫁娶、新儿降生，或者有钱人家过年过节都会请裁缝上门。

旧时姑娘出嫁的时候，全身上下、单夹皮棉、一年四季的衣服作为嫁妆的一部分均由女方请裁缝赶制，其数量丰厚不丰厚、质地考究不考究，往往影响姑娘将来在婆家的地位。而老人到了五六十岁就开始为自己准备后事，选个吉日为自己打一口寿材、请裁缝做一套寿衣，这也是一种风俗，早早地把寿材、寿衣准备好，为的是讨个吉利：添福添寿。寿衣做成后，不光要付裁缝工钱而且还要给喜钱，这叫后事当做喜事办……

在还没有缝纫机的时候，裁缝师傅的行头主要是一把尺子和一把剪刀，他们常年奔波在外给别人做衣服。不管是殷富人家的绫罗绸缎，还是贫贱人家的粗织土布，在他们的大剪之下“咔嚓、咔嚓”地裁开，然后飞针走线，样式各异的衣裳就在他们的巧手下缝制好了。这些裁缝都是名副其实的老裁缝。

但在我的记忆中，那时候裁缝师傅已使用缝纫机了。记得当时农村里女儿出嫁，嫁妆中曾流行三大件，即缝纫机、手表、自行车。女儿出嫁前，先要找个老裁缝，在她那里学做裁缝，可是大多数女人仅仅只是学了点皮毛而已，只会补补破旧衣服，面对一块新布料，她们总是束手无策。那台缝纫机，也仅仅是充当一种摆设而已。

当时做裁缝的，有男有女，他们不晒太阳，不肩挑背磨，看起来很轻松，是很多人都艳羡的工作。然而，裁缝的生活也是乏味的，更是寂寞的，每天面对针线面料，重复机械地工作。

而且很多人做裁缝一干就是一辈子，没有退休这个概念，除非老得做不动，否则他们会一直做下去。当初学做裁缝，有许多人是因为家境贫寒，到裁缝店做学徒，然后做起了裁缝；也有的是因为喜欢做衣服，干一行，爱一行，就一直坚持下来了。如果是做学徒，在真正拿剪刀裁衣服以前，要经过几年的打杂生涯，一般是三年，俗称“吃三年萝卜干饭”。当学徒的每天除了生炉子、烫熨斗外，有的还要为师傅、师娘“倒夜壶”、做杂活，小心服侍老板夫妇和各位师傅，并且要学做“滚边”和各种花色的纽扣，三年满师才能上案板。用尺量身、剪刀裁布、针线缝纫，都得用心用功，这并不是每个人都承受得了的。所以，要想把手艺学精学透，并不是一朝一夕的事。

到了20世纪七八十年代以后，人们的生活逐渐富裕起来，街上的服装店也多起来，各式各样的漂亮衣服、新潮服装铺天盖地，让人眼花缭乱，而且价格也不贵，致使众多裁缝不得不改行。现在我们的周边，虽还能依稀见到裁缝店，但它们都蜷缩在某个不起眼的角落里，守着寂寞的日子，经营着冷淡的生意。有些时装店里也有裁缝，但也仅仅是剪剪裤管而已，据说这已很不错了。

21. 修伞匠

我国用伞的历史，最早可以追溯到春秋时期。相传当时鲁班的妻子云氏，见丈夫常年在外奔波，要遇到下雨天就会很不方便，便想做一种能遮雨的工具。她将竹子劈开剖成细条，蒙上兽皮，做了一个像八角亭一样的雨具，张开若盖，收拢如棍。后来，人们见这个东西使用起来方便实用，便开始模仿，并陆续传开，这就是伞的由来。

在造纸术发明前，伞面多用丝绸绷制。宋朝后，逐渐有了皮纸伞、油纸伞、布伞，伞把和骨架都是竹子做成的，日子久了伞顶就容易破裂，骨架易折断，所以常常需要修补，并因此出现了修伞匠这个职业。

修纸伞顶比较简单，在破洞处涂上桐油，贴一块用竹子做原料造的纸，再涂一遍桐油就可以了；修布伞顶的话则需要换上一块布或整个全换。修伞骨架就比较麻烦，最简单的方法是用现成的竹篦替换，没必要修的伞或修的成本太高，伞匠就会叫顾客再买新的了。

竹子做骨架的伞毕竟不耐用，后来人们开始使用铁骨架做成的伞，不仅可以遮阳避雨，还能防紫外线、抗辐射。但这种伞修起来也比较麻烦，修伞匠取出绳绳线线、铁丝螺帽、钳子刀子、伞骨弹簧等七零八碎的物件，在膝上摊开一块围布，套上脏兮兮的袖套，一会儿掏尖嘴钳，一会儿拿剪刀，一会儿又是螺丝刀或成卷的线，一丝不苟地忙碌着。

如果雨伞的骨架折断了，那就要动“大手术”了。这时就要把雨伞坏损的部分拆开，把折断的伞骨架拆除，然后再用他自己带来的伞骨进行替换。替换后的骨架和原来的伞面分开了，这时就要用棉线把新骨架

和旧伞面缝合在一起。为了不因缝合的针眼漏水，还得在新骨架的两面加上一层和伞面相近的布料，再涂上一种黏性大，又防水的“油”。这样才能既不漏水又能保持更换的伞骨稳固。

修伞匠做生意一般有两种方式，一种是背着工具袋走街串巷，边走边吆喝，他们一般都是本地人在农闲的时候做的一些小买卖；另一种是摆摊，也是比较常见的。

一张小条桌，上面摆满了修伞的工具：尖嘴钳、铁锤、剪刀、钢锉、螺丝刀、成卷的铁丝，还有两个装了针线小件的锈铁盒。有的修伞匠桌子前面，靠着一块木头或硬纸盒摊开做成的牌子，上面写着两个大大的字：修伞。

修伞匠每天清早出摊，傍晚收摊。不管生意怎样，都会守在摊旁。由于常年累月修伞，他们的双手被锋利的伞骨断口刻画得像树皮一样粗糙，但他们干起活来还是照样灵巧。无论是穿针引线，还是接骨换架，总是那么敏捷迅速，干净利落。

如今，随着时代的发展，伞的种类越来越多，功能特性也各不相同，价格也很便宜，买一把伞也花不了多少钱，伞坏了，人们也不太愿意再去修理了，修伞匠也就慢慢退出了我们的视线。

22. 代写书信

在20世纪80年代以前，在许多城市的热闹集市、邮政局和法院附近，都有专门帮人写信的人。一张破旧不堪的小桌外加一张板凳，桌上有块写着“代客书信”的小木牌，还放着笔砚墨盒等书写工具，就这些简简单单的工具，就可以开张营业了。

其实，帮人代写书信的职业很早以前就出现了，因为过去识字的人不多，这个行业才应运而生。早期从事这行当的，以用毛笔者居多，后来自来水笔普及，才改用钢笔替人写信。能够帮人写信的人，必定要有一定的文化或文字基础，还要多少懂一点法律和风土人情。特别是对于信件内容的把握，既要恰到好处，又要信手拈来，出口成章，写出人家想要表达的内容，让人心服口服。

代写书信有两种方式，一种是客户具备口头表达能力的，由他们口述，代笔者一句不误地照录；另一种就是客户基本不具备准确叙事能力，他们唠叨出想要传达的意思，再由代写者组织文字为他们表达清楚。

代写书信的人喜欢套用一些半文不白的谦辞，如开头会写上“敬启者，见字如面”，结尾则是“余容后禀，善自珍摄”等，千篇一律，每封信都用得上。信写完后，代笔者会把全文读给顾客听，客人如果听出遗漏的内容，可以要求逐一添上。

代写书信的人接待求助者时，总是和颜悦色，以礼相待。他们遵照要求写信，信写得工整、通顺、详尽，字里行间不乏专业文笔功夫。同时也遵循、恪守着自己的职业道德，信中所涉及的隐私，从不传扬与外

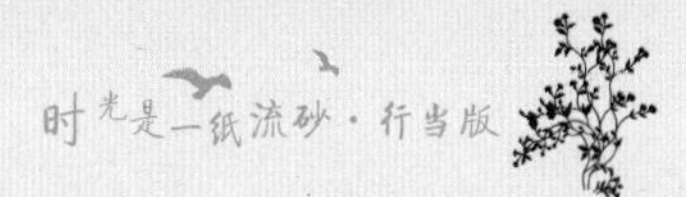

人，所以代笔者能拉住一批常客。

在过去，代写书信也算是个不错的行业，风吹不着，雨淋不到，要么躲在小屋里，要么坐在大树下，有人请，就笔走龙蛇，一挥而就；没人来，就一边喝茶看书，一边观景聊天，感觉无比惬意。

要说收益，不过蝇头小利而已。那时给人写一封信才几分钱，生意好的时候，一天收入也不过几角钱，也只能勉强养家糊口而已。不过当时那些代人写信的人也不全为了钱，还图个乐和、充实。能够在“助人为乐”中弄几个酒钱（酱油醋钱），既填补了家用，又乐在其中。

改革开放以后，人们知识水平不断提高，再加上通信手段的发达和多样化，电话、网络等可以很方便地沟通，代写书信这个行当也就渐渐地销声匿迹了。

23. 磨刀匠

“磨剪子嘞，戗菜刀……”

“磨剪子嘞，戗菜刀……”

这样抑扬顿挫、高亢悠长的吆喝声，在中国南北各地用不同的方言不知吆喝了多少年。

多年前，“磨剪子、戗菜刀”的磨刀匠还时常出现在我们的生活中，他们那拖着长音的吆喝声就在我们脑海里久久徘徊。

依稀记得儿时，只要磨刀匠的吆喝声不经意间在村子里响起来的时候，那些年迈的奶奶就会从针线篓里翻出几把半新不旧的剪刀，做饭的主妇就会拿出菜刀，交给他们去整修一番……

磨刀人的行头大体差不多，肩上扛着一条长凳，长凳一头卡着一块磨石，通常磨刀人有两块磨刀石，一块是粗磨石，一块是细磨石。另一头则绑着一块坐垫，凳子下挂一只箱子，里面装着锤子、钢铲、水刷等工具。凳子的前腿上固定着个水铁罐，磨刀剪时用于滋润磨石。

关于磨刀人肩膀上扛的这条板凳，儿时还有一个谜语叫“骑着它不走，走着不能骑”。磨刀人干活时骑在凳上，那自然是不走的了，干完活磨刀人扛起凳子走路，当然也是骑不了了。磨刀人干起活来煞有架子，有人形容他们“骑的是日行千里的赤兔马，磨的便是青龙偃月刀”。

长期从事这项工作的磨刀人经验丰富，把送来的刀剪掂起来一看，便知道刀剪是什么材质，然后用手捏捏刀背，眼睛眯着看下刀刃，就知道从何处起磨。一般磨刀有粗磨和细磨两道工序，先在粗磨石上打磨，

使刀刃成型，这道工序对力度和角度的要求较高，角度太大就磨直了，磨掉了刃口；角度太平，则磨不出刀刃。粗磨后再把刀在细青石上细细打磨，力度要小，动作要慢，目的是把定型的刀刃磨出锋利来。一边磨一边还要用绑着布条的木棒在竹筒里蘸水降温。

一般的磨刀人会一边磨一边用大拇指在刀刃上轻轻刮一下，感觉菜刀的锋利程度。有经验的磨刀人不用试，反正一看刀口就知道，锋利的刀口上有一条细微的黑线。磨好后还要看看刀柄的铆钉是否松动，若是松动活络了，他一定会用小榔头帮你敲牢固了。

家里的菜刀用得时间久了，刃部就会变钝，这就需要戗薄。听磨刀人讲，戗刀很关键，戗好了磨起来就省工，特别是好钢口的菜刀，不能多戗，不然会影响菜刀使用寿命。戗刀的工具是一根尺把长的铁杆，两头有横扶手，铁杆中间镶一把优质钢的戗刀，用它将刀的两刃刮薄，再磨锋利，也有的工匠用手摇砂轮代替戗刀。一把钝口的菜刀，在磨刀人的手里，只需一根烟工夫，就能改变面貌。

现在，磨刀人已经不多了，巷口里也难听到“磨剪子嘞，戗菜刀……”的吆喝声了。在一些小地方，偶尔还能看到一些中年男子在穿梭揽活，但磨刀人的身影也已渐行渐远了……

24. 补鞋匠

记得小时候，在街头巷尾经常可以见到补鞋匠补鞋的摊子，他们的生意异常红火，钉铁掌、上线、缝补、粘后跟，忙得不亦乐乎。那时候大多数家庭也不算富裕，虽不一定“新三年，旧三年，缝缝补补又三年”，但也是能省则省，衣服破了就自己缝缝，鞋子破了洞自然会找补鞋匠补补再接着穿。

记得当时在我们那个小地方，很少有人穿皮鞋和休闲鞋，大多都穿布鞋、胶鞋或凉鞋之类，不仅款式单一，色彩还很老土，主要以黑色和灰色为主，原因是耐脏。凉鞋穿坏了就用烧红的烙铁烫后粘好，若是布鞋、胶鞋和水鞋破了，就拿到补鞋匠那里补一补，一双将要报废的鞋子，经过补鞋匠的细心修整，又能接着穿很久。

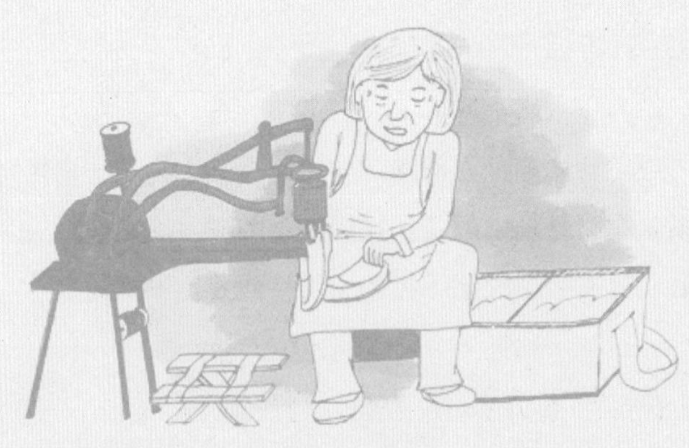

补鞋的工序要看鞋子坏的部分和坏的程度。比如鞋面坏了，补鞋匠通常是先取过鞋子，遇上不干净的，就用湿布擦擦灰，然后用錾刀将破口錾齐，再往里塞一块与鞋子颜色相似、并与破口大小差不多的皮底子或布料，然后将鞋子架在身边的补鞋机上。补鞋匠一手掌鞋，一手摇着机

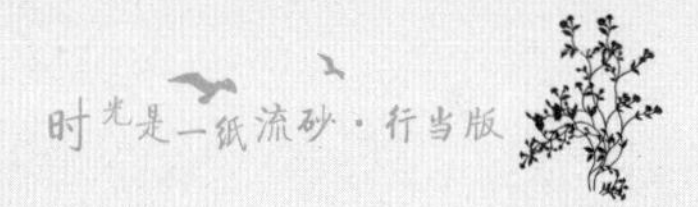

把，“咔哒咔哒”地就缝补好了。

等鞋子缝补好后，补鞋匠从机器上取下鞋子，然后用剪刀剪掉多余的线头。把皮底子或布料塞在鞋内，补的“疤子”就在里面，鞋面上只有一圈密密的针脚，若不细看，很难发现鞋子缝补过。

对于补鞋匠来说，最麻烦的要算补鞋底了。首先需要剪下一块与破口大小差不多的轮胎皮，再用铁刷子使劲地将轮胎皮和破口处刷粗糙，然后用胶水粘好，等胶水干后，鞋底就算补好了。换鞋底就没那么容易了，换鞋底差不多等于将鞋子重做一次，得找到与鞋码一样大的鞋底，然后用锥子穿上麻线密密地扎上一圈，再用胶水粘牢。

补鞋匠的摊位一般都比较简陋，两根小板凳，一个大木头箱子。箱子里面有很多小格子，里面摆放着锥子、胶水、剪刀、锉刀、钢锯、錾刀、针线等工具，最多的还是各种尼龙线和麻线，有不同的颜色和粗细。后来，大多补鞋匠也都添置了补鞋机，脚踏的或手摇的都有，这也大大帮了补鞋匠的忙。

现在，人们生活水平不断提高，年轻人穿名牌皮鞋的也越来越多，但上档次的鞋都是不能钉鞋掌的，否则会被人笑话老土，并且现在很多城市的名牌鞋店里都有专门的鞋子护理店，人们慢慢地也就不愿再光顾街边的补鞋摊了，补鞋匠的生意也是一天比一天冷清，也许在不久的将来也会慢慢淡出我们的视线。

25. 乡村说书人

旧时的农村，没有收音机，更别说电视了，人们吃完晚饭便无所事事了，所以听说书人说书就成了人们茶余饭后最向往的业余生活。

那时候人们也称说书人为“说书匠”，说明这也是一门职业。当时村子里面的说书人有两种，一种是外地来这里说书的，是要收费的，这种说书人说书听的人不多，大都是一些老人，外地说书匠说书有季节性，一般都是在夏季；另一种就是本村通古知今的“能人”说书，这种说书往往是不要钱的，不论春夏秋冬，大都是自娱自乐，消磨时光，听的人也多，有上了年纪的老人，还有妇女和小孩。不论是外地的说书人还是本地的，他们的口才都是一流的，一口气说上三五个小时也不会说累。

在夏天，干完一天的活，吃完晚饭，人们便会三三两两地朝打谷场走去，有的拎着小板凳，有的扛着能坐三人的大板凳。打谷场是夏天乘凉的好地方，当然也成了夏天说书的好地方。一面大鼓，一块响板，一支鼓槌，一条灵动的舌头，这就是说书人表演的全部家当。

见有人，说书人便开始敲鼓，边敲鼓还边摇起响板，鼓声和响板声飘荡在打谷场上空，沿着黑暗的小道，传到

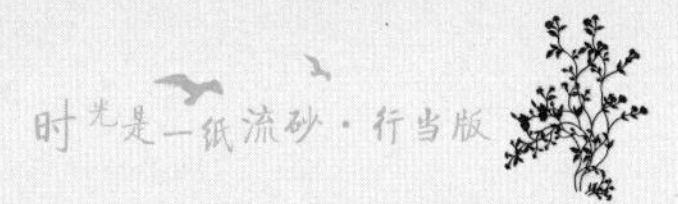

村子里，有些人就坐不住了，饭碗一撂，拎着凳子就往打谷场疾步快走，生怕少听了几句。

看来的人差不多了，说书人便开始说书了。《岳飞传》《杨家将》《七侠五义》《呼延庆打擂》《三国演义》等都是说书人常说的题材。他们说起书来口若悬河，时说时唱，时笑时哭，时怒时骂。说到惊心动魄处，能把你的心悬得高高的；说到伤心悲痛处，能让你眼泪流得稀里哗啦的；说到兴奋时，又能让你笑逐颜开。他们说的内容就像一台戏，把书里的人物描述得淋漓尽致，简直让人百听不厌。

说书人对火候掌握得很到位，中间自己要休息、喝口茶水润润嗓子时，必有一个小小的惊险处，让你欲罢不能，如果是个悬念处，他必定会话锋一转——“要知战况如何，且听下回分解”，包你一晚上都睡不好觉。

以前，外地说书人到一个村子里说书，一般都会说上十天半月，当时在北方走村说书的人中还不乏一些盲人，人们称他们为“瞎子说书”。不管是不是盲人，总之，在当时农村文化比较贫乏的时期，说书人的确为人们带去了许多快乐和欢笑。

如今，随着人们业余生活的丰富，乡村里的说书人已走出了人们的视线，成了一种历史的陈迹，小村庄里的回忆。

26. 马帮人

马帮的存在和运作，已有上千年的历史。马帮，就是货郎，只不过是把挑担子改成了用马匹。马帮是大西南地区一种特有的交通运输方式，一代又一代的马帮，在寂寞的铃铛伴奏下，曾踩踏出了一条著名的道路——茶马古道。

在漫长的历史中，马帮是高原地区唯一的运输使者，粮食、酥油、山货和一些生活用品都是靠他们运进运出的。他们起早贪黑、跋山涉水，还要上山背木头、装载和卸货。赶马是一份体力活，因而马帮里基本以男人为主。

马帮人皮肤都晒得黝黑，肩上背个布袋，袋子里放着干粮、水壶等日常所需，腰间束根腰带，一把砍柴刀别在腰带上，遇到杂草丛生、人和马都过不去的时候，就得靠马夫在前面开路了。

马帮人送货一般都会选定在夏秋季节，冬春时大雪封山，进山是不可能的。进一次山，至少要花费一个月左右的时间。如果是到深山中拉木料的话，常常需要在山中搭棚住下来，有时一住就是几天才走出山外。因此，马帮人在精神

上也得耐得住寂寞。

马帮最珍贵的东西并不是带的各种物品，而是马匹。如果马匹在途中病毙，就什么都完了，可见对马匹的选择是非常重要的。马帮使用的马匹一般是川马和云南马，身材矮小，但很能吃苦耐劳，脚力与负重能力也很强，远不是高头大马可以企及的，所以备受马帮人的喜爱。

在以前，马帮与人交易的方式都是以物易物，当地人把山林和藏区的毛皮、药材、金银珍宝、装饰品、刀具等拿来与马帮人交换生活必需品，马帮人再把这些东西运到别的地方出售，赚取其中的差价。后来，他们也开始收钱，方式更加灵活。

马帮人不仅辛苦，还经常面临着种种压迫盘剥，随时会与各种恶势力发生冲突，俗话说“行船走马三分命”，所以，干马帮就等于拎着脑袋找饭碗。

如今，随着我国交通系统的不断完善，马帮的地位和作用已经变得越来越小了，活也越来越少，只有在偏远山区路修不到的地方，才有可能遇见这群马背上讨营生的人。不过，在一些风景比较好的旅游景区，也能看到昔日的马帮人赶着马匹，不过，马背上已经不再驮着货物，而是拉起了游客，带着别人重走那昔日的茶马古道。

27. 染坊工

染坊，最早可以追溯到远古时的周代，到了唐代更加盛行，朝廷还有专门的官员管理这个行当。

旧时民间的染坊大多是一种家庭作坊，前店后坊，前面是店铺卖布，后面就是染坊染布，屋里一般会有几个固定做染活的人。染坊门前会用细长的木料搭成几个高高的木架子，是用来专门晒布的，远远望去，红的蓝的青的，煞是好看。

20 世纪 60 年代前，染坊大多染土布、夏布以及小白布，用的是从商人那里购买的国产土靛，只能染青、蓝、黑、红四色。但也有的染坊可以自己配制染料，以蓝色为例，染坊老板会收购一种叫靛蓝的草本植物，它的叶子可以提取蓝色染料。架起锅将靛蓝煮沸，可以提取比靛蓝色泽更纯正的深蓝染剂，叫“提青”。这就是“青出于蓝而胜于蓝”一语的由来。

染布前染坊工必须将土靛在大缸内用热水泡上三四天，再把白布用清水浸湿，然后放到大缸里浸煮上色，煮的时候要将布匹摊开，尽量让布匹

吸收染料水分，还要用木棍不停地搅拌，使布受色均匀。煮过后，放到木架子上晾干，干后还要煮，反复几次，直到染色均匀为止，这样的布匹做出来的衣服，也就不会缩水了。

后来，进口染料传入中国，衣服的颜色也多起来。有的厉害的染坊师傅，可以在一个缸内不换水，通过配料、调色染出四五种不同色彩的布料，而且染出的料子和衣服仍然色泽牢固、颜色鲜艳。

过去的染料中没有加入足够的色素稳定剂，很容易褪色，不管什么款式的衣服，洗几次，都变得青红紫绿的，很难看。再加上那时人们生活都比较节俭，一件衣服会穿很久，往往都看不出衣服的本来面貌了，这时，人们就会将衣服拿到染坊再染下色，又可以再对付个一年半载。

改革开放以后，人们衣服的样式和花样逐渐多起来，传统的染坊已不能满足人们的需求，也就逐渐退出了我们的生活。现如今，在一些旅游景点，仍有一些小染坊，人们利用染料的多种变化，染制出繁复、绚烂、色彩纷呈的图案，特别是一些具有鲜明的地域风味和民族色调的花布，受到很多旅游者的欢迎，这也不失为传统工艺的一种成功转型。

28. 辊工

说到辊工，人们就不得不与中国盐都四川自贡的天车联系起来。天车被誉为四川自贡盐场奇观之一，被外国游客称为“东方的埃菲尔铁塔”，而建造和维护这些“铁塔”一般的天车的人就是辊工，这些都是他们徒手架设的，没有任何机械装备的帮助。

天车是当时人们用来采盐的装备，天车的顶部装有滑轮，底部也有巨大的转轮，用于采卤、淘井、治井。因此，有盐井的地方必定有天车。

昔日的自贡天车林立，盐井密布，灶房热气蒸腾，蔚为壮观。仅当地扇子坝的 1.2 平方千米的土地上，就先后矗立过 198 座天车，同时并存的也有数十座。相传在抗日战争期间，日军第一次空袭自贡时，日军飞行员从空中看到扇子坝一带蒸汽中无数的天车若隐若现，以为遇到了特殊的“防空武器”，以至于落荒而逃。

捆扎天车，这就是辊工的专业。天车一般都是用杉木扎制成的，因为杉木具有“烂皮不烂心”的特点，再强的腐蚀，也不至于损坏到它内部的构造。

杉木采集回来以

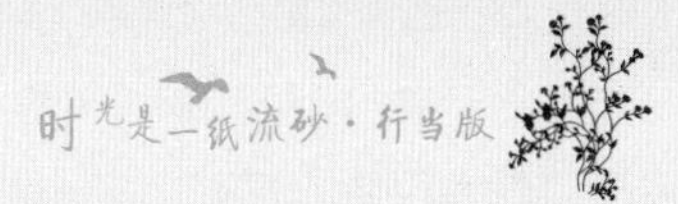

后，辊工首先要将杉木锯为一米多长的段，两头削尖，然后用竹篾捆扎起来，中间是空心的，像箍桶一样，下大上小，非常稳固。这些捆好的杉木比同等粗的整体木料，有更好的支撑力量和韧性。

捆扎天车非常麻烦，木料、棕绳、篾绳、牛皮绳、桐油等，都要准备很久，一架天车大致要使用几十年，捆扎时辊工不能有丝毫懈怠，老板更不能贪图节约，在材料上以次充好。

辊工捆扎天车是非常危险的，往往高度越高，危险性就越大。他们工作的时候会用一根绳子扎在腰际，以防失手。但这样的保护措施明显是不够的，所以时有悲剧发生，一不小心就会从几十米的高空坠落下来。侥幸有大难不死的人，老板和工人都视他为“福将”，认为他命太好，阎王爷都不收他，俗话说“大难不死，必有后福”。以后要再遇到一些危险的工作，大都让他们先上，当然，他们的待遇也会比别的人高。所以，今天我们看到的天车，可以说是辊工们用生命换来的。

如果卤水埋藏浅，天车负重小，天车就可以捆扎得小些，一般的天车都有 4 ~ 6 条腿，每条腿的直径 50 ~ 80 厘米。大的天车会有 10 条腿的，直径可以达到 1 米以上。自贡最高的天车当属大德井天车，高达 118 米，相当于 39 层楼高，十分壮观；而用杉木最多的则是大安盐厂的大十四井、新十六井的两座天车，均由 1000 根杉木捆扎而成。据说当时拆除时，拆下来的杉木都铺满了一个足球场。

后来，随着柴油机动力普及到盐场生产后，辊工的使命也就终结了。在一些仍用天车作井架的小盐场，还偶尔能看到他们的身影，他们仍在维护和保养着天车的运转。但对于现在的年轻人来说，辊工已经完全是一个陌生的词汇了。

29. 担担面

担担面是著名的成都小吃。用面粉擀制成面条，煮熟，舀上炒制的猪肉末而成。成菜面条细薄，卤汁咸鲜微辣，香气扑鼻，十分入味。

担担面的由来说法不一，有人认为担担面最初是自贡市一位名叫陈包包的小贩始创于1841年。但川菜派系中的老师傅却普遍认为，担担面应该起源于川东。因为在川菜的三大派系中，上河帮（蓉派）、小河帮（燕帮派）、下河帮（渝派）各自用辣椒的方法不一样，而担担面中的辣椒用法是下河帮的用法。其中还有一样主要的原料（川东人叫的老咸菜）是在达州一带的特产，而自贡宜宾范围用的是芽菜。所以说担担面是出自川东达州一带。

不管担担面出自哪一派，但担担面的得名却必然是小贩们挑着担子走街串巷得来的。一副挑子，一边是一个大木箱，做了很多个抽屉格子，极其紧凑，被擦得一尘不染，里面摆满了葱、红油、蒜、味精、辣椒、虾米、油酥黄豆、陈醋等调料和碗筷；另一边的木箱下，置有一个固定的煤球小火炉，炉上坐着一

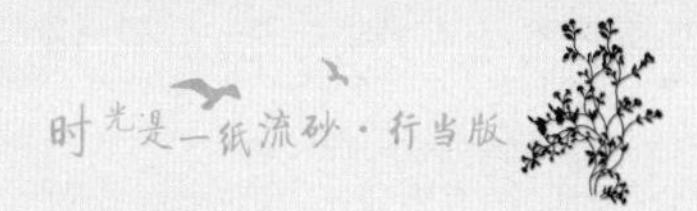

个铁锅，里面汤水沸腾。也有的小贩用的是一种被隔成了两格的铜锅，一格煮面，一格炖蹄花。

小贩将扁担挑在肩上，晃晃悠悠、颤颤巍巍地沿街游走，还边走边叫“担担面，担担面”。骨头熬制的膏汤，飘逸浓郁的香味，老远就能招徕食客，随吃随下。担担面的得名，就来自于这特殊的年代和叫卖方式。

以前的担担面，5 分钱一碗，大家站着吃，在寒冬腊月，辣得满头大汗，头冒白烟，两眼发热，完全可以驱走骨头里的寒气。在我看来，一碗担担面，作料的花费实际上比面条本身还多，难怪人们常说，吃担担面是吃味道，而不是充饥。

现如今，担担面在成都进入店堂经营已有四五十年的历史，依旧保持着原有的特色。只不过再也见不到挑着担子沿街叫卖的小贩的身影，小贩担子上煮出的那种担担面的味道或许只有在我们的梦境中慢慢回味了。

30. 算命先生

人总是有无助的时候，在这个时候，他们往往会寄希望于命运的安排，寻求心灵的寄托。有的会供奉一尊塑像，有的会进寺庙或教堂瞻仰、进奉，有的则会找个算命先生，直接卜问吉凶。

算命先生有男有女，有很多是盲人。可能人们比较相信盲人，认为他们看不见，而只凭一个生日，就可以判断吉凶，实在是神奇的。但只要仔细来推敲，还是可以理解一些神奇背后的必然。我们都知道，瞎子眼睛看不到，但在其他方面却有很多过人之处。比如，他能凭一个当官的短短几句话，就能推断出他是一个官员，这就是瞎子平时积累起来的过于常人的领悟力了。

在我小的时候，总能在街边看见几个摆摊为别人算命、测八字、择日子的人，有的寺庙外也常见到这些人的身影。小时候的我，总对于一些异于常态的事物产生好奇之心，常在旁偷偷听。

这些算命先生相隔不远地坐着，有的手中还拄有一根或精致或粗糙的拐杖。他们面前摆放着一张或写满字

或画了些奇形怪状的图案的布，布后面有几个塑料小凳子供人算命时小憩安坐。有的算命先生还带着老婆在旁照料着，她们大多长得很丑，但手脚麻利。

一旦有人坐下来，算命先生一般会先询问来人的生辰八字，然后就将他们的命理运数娓娓道来。算命先生说话，总是几个字几个字连着，有着铿锵的节奏和音调，偶尔喃喃地念念有词，还夹杂一些生僻的字句，那应该是他在背诵命书。中间会询问来者一些事项，他们会从来者的语气中加入些个人的注解和不痛不痒的建议，这命运就算是测得八九不离十了。只见听的人一边倾身向前生怕遗漏了一个字眼，一边时不时地颔首点头，好像对方看得见似的。

每次算命先生大都是说一通关于“懵懂运”“青龙白虎”“犯神煞”的行话，之后又说如何抉择全在你，每次算完命后，来者仍然是犹疑不决，只是待问清楚了无甚大碍，也算是吃了颗定心丸，这才满意地付钱离开。

随着年纪的增长，思想和认识的不断提高，我对算命先生所谓的命理也有了一定的认识。算命的那些盲人，纵使读得了别人的称骨和命盘，却掌控不了自己的命运，在现实生活中，他们何尝不是我们这些明眼人应该帮助和关注的弱势群体？现在科学知识越来越普及，连电脑算命都出现了，算命不但在城里没了多少市场，在乡下也越来越没人相信了。

31. 哭丧婆

哭丧，是民间流行的一种仪式，特别是在农村更为多见。以前人们将婚礼称为“红喜事”，将葬礼称为“白喜事”，“红白喜事”都是极其隆重的事情，这是他们一生中三件大事中的两件（还有一件是建房子）。一到这种时候，人们都会大办一番。

旧时，有钱人家死了老人，为了显示自己的孝顺和制造气氛，都会请哭丧婆哭丧。当时的哭丧婆哭丧只要穿戴上白色的孝衣，跪在灵堂前使劲地哭就行了，并没有乐器或音响伴奏。新中国成立后，哭丧婆似乎销声匿迹了。但在 20 世纪 90 年代中期，有人家为了显示自己的孝道，而自己又哭不出，哭丧婆又盛行开来。

哭丧不仅需要洪亮的嗓门，能哭能唱，还要有充沛的体力，并且泪腺发达，眼泪出得又快又多。老太婆肯定无法胜任，所以一般哭丧的都是三四十岁的年轻妇人（偶尔也有男性哭丧，但都是有点女性化的鳏夫）担任。这些人早已育子，什么也无所谓了，说“婆”，仅仅是民间对“婆娘”的简称。

除了以上的条件，哭丧婆还需要在哭丧时对各家各户的基本情况都比较了解，这样哭起来才动情，容易感动听哭丧的人。

一般哭的内容可以分为三部分：一是哭死者生前是如何受苦抚养子女奉献一生的；二是表达子女的伤心情怀；三是子女们祝愿死者一路走好，并保佑子孙后代大富大贵、一帆风顺。哭到伤心处，主人家的人也会声泪俱下地一同痛哭。

由于眼泪有限，有的哭丧婆哭不了多久，都成了一律的干号，主人也不会有过多的要求，因为自己也是哭不出来才找人代哭的，意思到了就行了。

哭丧婆每一场挣的钱也不是固定的，主要是看主人的慷慨程度，有的人家除了工钱外还会送个红包或者一些没啥用处的礼品给她们。不管多少，也算小有进账，还能够补贴家用，很多妇女也乐于干此行当。

时至今日，哭丧婆仍然有市场，在一些葬礼上我们还能时不时地看到她们的身影。只是她们通常用一些哀怨凄婉的语调来换取别人的眼泪，撇开了死者为哭而哭，除了人工制造了一点“伤心”气氛外，实在是有悖痛哭死者的初衷。

32. 雕花匠

雕花匠这门手艺，古已有之。雕花匠的种类也有很多，有专门在铁器、铜器、锡器上雕花的匠人，也有专门在石材、陶器、木料上雕花的匠人，品种繁多，专业技术要求很高，由于材质不同，使用的工具不同，美学效果当然也不一样，所以很难出现“身兼数职”的工匠。

这里单述那些专门从事木头雕花的匠人，它是木匠中的一个分支。这些人主要采取走街串巷的方式，寻找生意。

在几十年前，人们使用的家具，大多是请来木匠，根据自己的要求定做。家具做好后，讲究一点的家庭，就要请雕花匠在家具上刻花，这在农村为新房置办家具当中是十分普遍的。

雕花匠在全国各地都有，一代国画大师齐白石就曾毫不隐讳地称自己是雕花匠出身。雕花匠所做的活计，比一般木匠要精细，且带有一定的雕塑艺术性。

做一个雕花匠也不容易，首先他要有绘画基础和书法基础。一般在家具上的雕花称为木板浮雕。只要懂得图案画的知识和绘图案画的技术

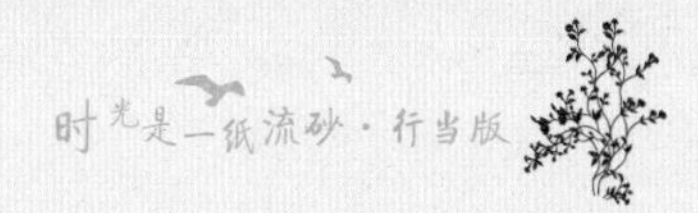

都可学做雕花匠。

在雕刻前，雕花匠都会先征求主人的意见，然后再根据主人的意见，对大立柜、平柜的双扇门、书桌面、床头栏杆进行雕刻。单是使用的凿子，就有几十种规格。雕刻的图案一般以松鹤、花鸟、山水为多，且多是对称的。

打磨是雕刻后的细致功夫，在没有砂纸的年代，打磨用的是一种比较疏松、粗颗粒结构的“泡石”，石头屑和木头屑混合而下，粉尘飞扬，木料的芳香就蔓延开来，等到雕刻的花纹反复被打磨光滑以后，雕花板就算完工了。

雕花匠会随身携带一部简单的车床，需要靠脚力驱动，这主要是用来车削床头栏杆的。手艺好的师傅，还可以车出“龙抱柱”一类的床脚。

雕刻、车削完毕后，最后一道工序就是上色了。一般都是漆上金粉，得反复漆十几次才算完工。实际上，这差不多能算是艺术家的追求了。

雕花匠在选择木板上也很讲究，农村一般是用白果树板、狗骨树板为最好，实在没有至少也得用鬼头杨树板。要雕花的木板上不能有疖疤，一定要完好无缺的板才能雕出好的花纹来。当然对红木、檀木的雕刻要求更严，在名贵木材上雕花，万一失手是赔不起的。

现如今，人们选择家具的观念已经改变，年轻人结婚也不会准备雕花的红木大床，更不会去讲究什么窗棂门扉。雕花匠的生意也日渐冷清，有的老雕花匠也面临着手艺失传的尴尬境地。

33. 卖跌打药

旧时，在热闹的集市，总能看到一些走江湖的人在街边表演各种绝活。这些把戏都是穷人讨饭的一种工具，就如同乞丐的打狗棒。他们常年在外走村串巷，在集市中寻找空地撂场子表演，任由过往的行人自由驻足围观。

他们有的纯粹是卖艺为生，靠自己的绝活向围观的人群讨几个赏钱，而有的就是靠表演一些节目，先把人群吸引过来，然后才开始兜售他们的东西，比如卖跌打药。

卖跌打药的大多都是闯荡江湖的汉子，他们大多体格强健，过了而立之年，仍孑然一身，四海漂泊，但丰富的人生阅历和强壮的筋骨使他们从不害怕各种风浪。他们的工作常常会带有危险性，所以他们干的是在血盆里抓饭吃的营生。

到了一个地方，他们通常会在街边或逢场的集镇上找一个人流量比较大的空地，把东西放好后便开始大声吆喝，有的还拿着铜锣，一边敲一边吆喝，以此来吸引过往的人们。即使在隆冬季节，他们也都赤裸着上身，露出一身肌肉，不断挥舞手里的砖头或者棍棒，希望以此赚取人们的眼球，也希望靠发热的体能来抵抗严寒。

刚开始，人们不明就里，都跑过来围观，等着看好戏。见人聚得差不多了，汉子就开始发表演说，什么在家靠父母，出门靠朋友，什么天有三宝日月星，人有三宝精气神等，咋咋呼呼，历数江湖道德和人生沉浮。听众开始不满意了，都大声起哄："别光说不练啊。"汉子一听忙

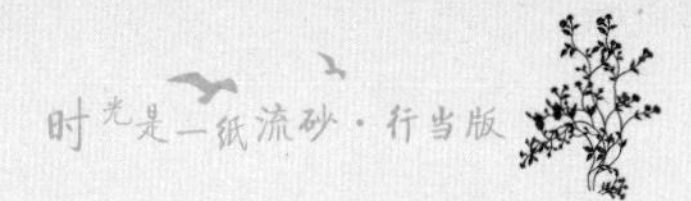

说：“不要慌，这就露一手。”

接着，他们便用砖头在手臂、胸部上一阵猛敲，留下青一块紫一块的血痕，如果没有人鼓掌，他们甚至会用刀在身上划出血来。当所有人的注意力都被调动起来的时候，汉子才拿出一个纸包，倒出一些粉末，用酒调和了，敷在创伤处。说来也奇怪，顶多一袋烟的工夫，汉子身上的创伤就全部好了。

这时候，汉子开始发话了，我这里有 50 包跌打药，为了感谢大家的厚爱，有 5 包是免费赠送的，余下的每包收 5 角钱，兄弟我也讨个车钱。围观的人中总有那么几个人叫得最凶，好像是要买药去救命的，其实他们与卖跌打药的汉子是一伙的，在北方这叫“托儿”，围观的人往往经不住蛊惑，也纷纷掏钱去买，这生意便算做成了。

跌打药一般有三类，即药粉、药酒和膏药。有人问，这药到底有无效果，到底能治什么跌打损伤，恐怕只有“天知，地知，他知，你不知”了。

后来，在更多质量更有保证的中药、西药出现以后，民间“跌打药”也慢慢退出了他们的“江湖”。不知道从什么时候开始，在我们的身边，再也寻不见这些走江湖卖跌打药的汉子的身影了。

34. 写店招

在旧时，有很多商店的幌子、招牌上的汉字，都是手书的，作为广告用语，对字的字形、字体都有很严格的要求，书法功底不好的人，店家是不敢让其写店招的，必须要有一定经验且有大家风范的人才能胜任。因此在一些城市，应运而生了专门写店招的一类人。

写店招的人一般都名声在外，他们接到活儿时，一般都是在书桌上铺好宣纸，毛笔蘸满了墨在纸上挥洒，但有的熟手却不同，他们可以不打草稿，也不画格子，在店门口搭个梯子，一手提油漆桶，一手拿油漆刷，不用描就在招牌上写开了，一气呵成，往往几分钟就能搞定一块招牌。

这项工作看似简单，其实没有深厚的功底是不行的。首先练字就是一个难题，古往今来的多少大书法家，没有冬练三九、夏练三伏是写不出好字来的。写店招的师傅虽然不是书法家，但能把字写得工整也不是一项易事。由于店招往往是隶书或楷书，他们也往往在这两种字体上下的工夫最多。

由于在平常生活中很少见到有写店招的人工作，于是当他们架起梯子，描好格

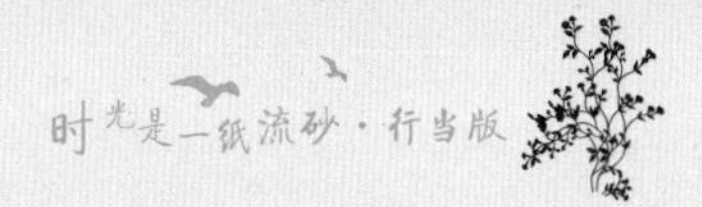

子，开始工作时，总会有很多人聚在一旁仔细观看，一是看他们高超的书法艺术，二是看他们挥毫泼墨的神韵风采，人多时，还会“扎”断街道。

有的人写的店招，既工整也不乏跃动，而且油漆多久也不会脱落，美观实用，看他们的店招就等同于在看城市的一景。

写店招的收入很可观，在物质生活并不富裕的20世纪七八十年代，写一个字都能拿上五十甚至上百元，这在当时可是很多人一两个月的工资。也正因为此，当时很多在书法上有成就的人都会承接一些写店招的活儿。

但随着时代的发展，现在那些手写店招已经大多被各式新型的广告材料所取代，电脑设计打印的店招，对于大多数的店铺老板来说，很方便，也很“洋气”。也因此，现在很少有人再找人专门写店招了，写店招这门职业也面临着消失的境地。

35. 打井人

打井人，顾名思义就是打水井的人，有人可能会认为这很简单，不就是挖个深洞吗？其实不然，打井也是一门学问。

打井人首先要懂得看水。井打在何处才有水，出水有多大？这些都是考人的问题。有的高明的打井人仅凭山势走向用眼睛就能看到地下十多米深是否有水。

以前从事这一行也是要从学徒做起的，在没有亲自实践时，有很多时候看到有水的地方照着打下去，却弄得竹篮打水一场空，费了力又误了时间。

打井人的工具总是少不了钢钎、二锤、錾子、手锤、锄头等，找准地方后，先要确定井面大小，划好一个范围，然后用工具在此处垂直往下挖，挖好的土再由人从上面运出去。挖井时，往往前边一两米挖出来的都是石头，

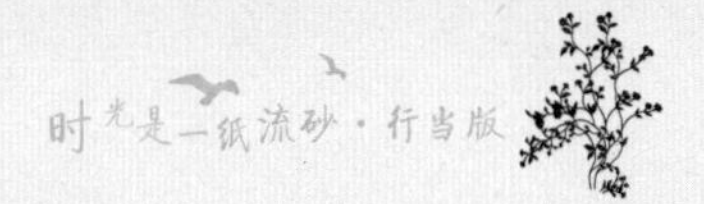

下面再经过一截石骨层，约在七八米深时就能看见有水渗出来了，这时，打井人是最高兴的了。一口井，往往要花掉打井人一周左右的时间。

挖好井后，打井人还会给主人家砌井栏，铸井盖等。井栏一般要用一些坚硬的岩石垒在井壁四周，这样可以防止井壁泥土下滑，污染井水，也能防止人在打井水时出现危险。如果是露天的井，一般都要有个井盖，井盖一般是块大圆石，打磨得光滑平整，直径比井略大，上部焊有一个金属提钮，用以提拉。

以前在自来水还没有普及的时候，几乎家家户户都有一口水井，如果自己不会动手，请打井人是必然的事。有了自家井，加之安上抽水机闸刀，就如同城里人吃自来水一样，只要一合闸刀，水就哗哗地放到缸里。有的家庭还修了水池，安上了水管，想在哪放就在哪放！

而今，随着用自来水的人越来越多，加上农村安全饮水工程的实施，打井的人已逐年减少，只在一些偏远的山区还能见到。

36. 打石匠

旧时，人们的生活起居和日常家用用具都离不开石头：修房造屋需要石头整地基，门槛、门墩、门框、门架都是石头做成的，还有舂米打糍粑的臼、推豆腐的石磨、碾稻谷的石磙、养猪的猪食槽等，修公路、垒堤坝更是离不得石头，而这些石头，都是打石匠一锤一锤凿出来的。在当时，打石匠是一门很吃香的职业。

打石匠，也是分种类的，简单分为粗匠和细匠。粗匠是把山上的石头采切成大小长短不一的原料石，细匠一般是在山下，对粗匠采集回来的原料石进行加工，或磨或雕。那时几乎家家户户都用得着他们。

打石匠常用的工具有大锤、二锤、钢钎、楔子、錾子、手锤，还有画线的钢尺和弹线用的墨斗。大锤和楔子都是开山用的，二锤是砸线用的，钢钎在撬石头的时候可以起杠杆的作用，很省力。錾子的用处较多，在对石头进行剖、削、镂、铲、磨时都要用到它，依据用途不同，錾子也有分类，例如有长短錾之分，还有扁錾之说，磨这道工序一般都是用扁錾。

对于打石匠来说，选石料是一道重要工序，可马虎不得，弄不好就会出人命。选石料通常有几个标准：颜色、硬度、纹理和用途。很多人

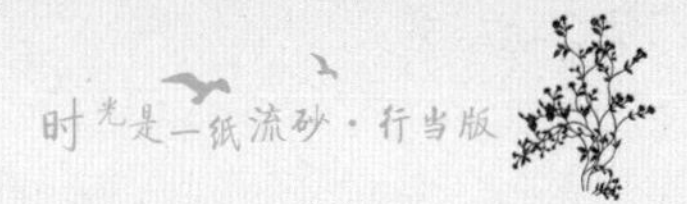

都喜欢颜色好看的石头，但是好看不一定实用，因此还得看石头的硬度与纹理，对这个的观察更多的还是靠打石匠的悟性和经验。

在采石前，有的经验丰富的石匠只需要在石头跟前一站，就能看出从哪里开锤省事，要办多少楔眼放多少大锤，这也不是一朝一夕能办到的。

而在打大锤时，石匠必须做的一件事就是喊号子，这应该是为了吐气蓄力吧。打大锤的姿势也是有讲究的，首先要双脚张开，与肩齐宽，两手一前一后提锤、晃臂，大锤离地尺余、轻轻一荡，在空中画了半道美丽的弧线后定格，然后蹲脚、仰腰、眼盯楔子，伴随一声撼天动地的“嗨呀”，那大锤便准准地打在了楔子头上。再借那弹力轻轻一带锤把，大锤便欢快地回到空中，画出弧线，如此反复。

以前，谁要想当打石匠，得跟着师傅学，一年没有工资，每天还要挑工具箱，几年之后，才能自个儿单干（出师）。所以打石匠这种职业很艰苦，白天在山上采石，傍晚收工回家后，还要锻打采石的铁件工具，现在已经很少有年轻人愿意干这样的活了。再加上时代的发展，现在的采石工具大多比较先进，空压机、冲击机、切割机、火割机等，不仅省力还提高了工作效率，这些老石匠渐渐地被淘汰了，他们打石喊起的号子也渐渐被人们遗忘。

37. 铜匠

铜匠是门很古老的行当，早在商周时代我们的祖先就开始铸造和使用铜器了。再之后，铜盆、铜勺、铜铲、铜壶、铜炉子等都成了百姓生活必需之物。殷实的大户人家大门上还有铜吊环、站柜上的花瓶壶、箱上团形铜等，有的还刻有各种吉祥图案，那一件件精美的铜器无不显示出铜匠的高超技艺和工艺水平。在过去众多的老行当中，铜匠算是其中一门技术含量较高的职业了。

旧时铜匠也有两种经营方式，一种是没有作坊店铺的铜匠，他们通常是挑一副铜匠的挑子，早晨出门，走街串巷。铜匠的担子两头都是长方形的箱子，一头的箱子里有两只长抽屉，里面放有工具和半成品坯件，还有铆钉、铜钉、铜皮等修补原料；另一头的箱子也有个长抽屉，下面是只风箱，是专供炉子生火用的，箱体上面是个工作台，架着根木柄长锉，一般的小件锉削在上面进行就可以了。

铜匠做买卖从不吆喝，只管埋头走路，手里持着由五块铜片串成的“铜串子”，到了住户多的地

方，手一抖，铜串子抖开了，一阵哗啦啦叮铃铃脆响，人们便知道铜匠来了。这种流动的铜匠打制的多是居家过日子的小器皿，且以修修补补为主。

另一种铜匠就是他们会在集镇上有固定的小门面，经营就有规模了，打制物件，往往是成批量的，生意做得好的，往往还有较为固定的客户。

铜匠修铜器不生火，故称冷作。承接最多的生意是修锁配钥匙，铜匠有一串万能钥匙，不管是老式铜锁还是新式弹子锁都打得开。不管是老式衣柜的铜铰链断了还是皮箱的铜包角坏了，经过铜匠的巧手，这些东西都会立马变得完好如初。

甚至有的人家搪瓷盆瓷摔掉了，担心日后生锈穿孔，也拿过来请铜匠修。这些修修补补的活计，也花不了几个钱，挺受勤俭持家的家庭主妇的欢迎。

如果不是修补，而是打造铜器，铜匠则一般会坐在一个小矮凳上，他们或一手拉风箱，一手用钳子夹住铜件在炉中加热；或一手用钳子夹住烧红的铜件，一手抡起铁锤用力将那些坯料锻打成半成品；或一手抓住铜器，一手用钳子夹住烧红的烙铁焊器皿上的裂缝……

现如今，随着社会的飞跃发展，人们生活水准不断攀升，各种铝、塑料、不锈钢等容器相继出现在人们的生活中，铜器逐步淡出人们的视野，铜匠的业务范围圈也越来越小。为了维持生活，他们不得不转行。随着时间的推移，铜匠这门古老的行当不但会出现后继无人的状况，而且也可能会濒临灭绝。

38. 漆匠

说起漆匠，大家应该并不陌生，就是那些用油漆涂刷木、竹、藤等器物的工匠。在过去，涂刷器物用的都是天然漆，据说，这种漆是从漆树上割取的天然液汁（俗称“生漆”），经加工而成“老漆”。用这种漆漆出来的家具“油光铮亮”，且不怕“烫”。

旧时漆匠给器物上漆时，一般是用天然丝蘸漆反复去搓，油漆层数越多，光洁度越高；也可用棕刷子去刷。木器漆好后，四周会支起蘸有水的席子，使之阴干。小时候，在一些人家的八仙桌上常常会看到一个个圆圈印子，是因为这些八仙桌油漆时用的是“新漆”（化工漆），热烫的碗放在上面往往会“印”出碗底的“记印”，而用“老漆”漆出的八仙桌就不会出现这种情况。

“老漆”属于纯天然物品，没有毒，用现在的话来说，属于“绿色产品”。然而，这纯天然的“绿色产品”对有些体质敏感的人来说，往往是个过敏原，接触甚至闻到一点味道，就会起疹子，俗称“漆咬”。因此，过敏性体质的人，一般不适于做漆匠这个行当。

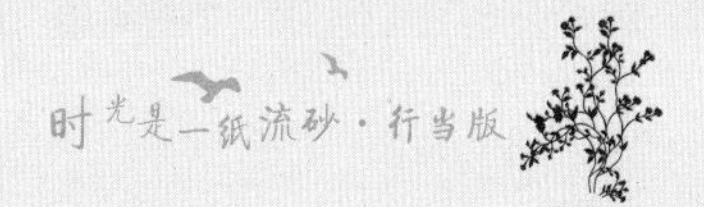

用“老漆”来油漆木器家什，靠的是一把漆刷。由于“老漆”黏稠且不易干透，因此，要将油漆刷匀、刷透，既是一件功夫活，更是一件技术活。印象中，一件圆桌家什在用砂皮砂光磨平之后，就可以用漆刷蘸了油漆在木器表面进行来回地刷，刷了干，干了再刷，如此反复数遍，这油漆才会“光亮”起来。

旧时，油漆匠承接的活最多的估计是油漆棺材。当时，流行老人还在世时就要为其准备木头棺材。棺材做好后，每年都要请漆匠油一遍漆。年头越久，油漆层数就越多，其封闭性就越好。因此，我们现在看到的一些出土的漆木器，几千年后还光亮如新，精美绝伦，这都是劳动人民智慧的结晶。

在我小时候，还见过漆匠油漆立柜或挑箱，总要在漆做好后，画几朵桃花、几枝红梅或三两喜鹊，很美，但现在也很难再寻找到会这门手艺的人了。而且现在人们使用的大多都是工厂生产的化工产品，是人造合成漆，油漆时大多用喷枪一喷了之。也因此现在的油漆工跟传统意义上的漆匠已存在了较大的差异。

39. 制秤匠

杆秤是中国传统度量衡的三大件之一，曾在商品流通中担当重要角色。卖菜的人把顾客挑好的蔬果往秤盘里一放，右手拎着秤杆，左手不停地拨动秤砣，当秤杆处于平衡时，几斤几两便报了出来。以前无论是在农村，还是在城市的农贸市场，大家对杆秤都并不陌生。但说起制秤匠，知道的人恐怕就不多了。

做秤也是一门古老的手艺行当，看似简单的杆秤，却凝聚着代代杆秤手艺人的聪明智慧。制作一把精细的杆秤，从选料、刨光、固定三个钮(秤钮又叫反钮，头钮、二钮皆称顺钮)、固定三个刀口、钉好三枚横针、定秤花、量秤花、打秤花洞、钉秤花、磨光、油漆、包秤的头尾(用黄铜熔炼而成)等共计 50 多道工序，每道工序都不能含糊。稍有不慎，秤就会出现偏差，而公平是制秤匠必须严格遵守的职业操守。

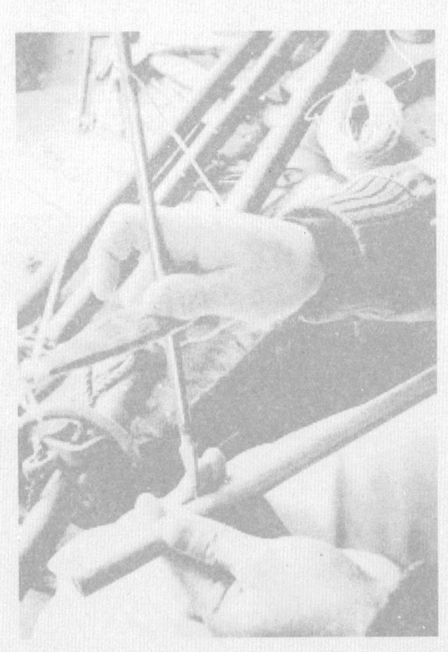

秤杆材料的选择也很有讲究，为了保证秤杆不开裂，需要挑选那些纹路细腻且木质坚硬的木材，柞栎木、红木等都是上等的材料。选

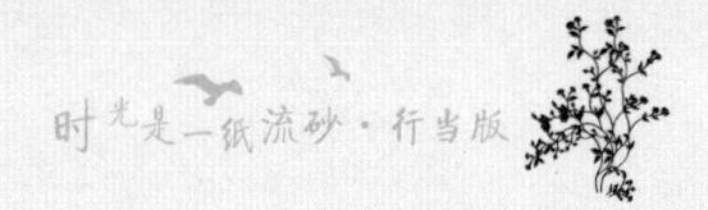

好的木材需要放在干燥处堆放两个伏天后才能使用，否则做出来的秤杆就会因含有水分而失准。

制秤匠首先将木材凿、刨处理后，变成一根笔直的又长又细的椭圆柱体，再用细砂布沾水，打磨得又光又滑。最后，在木杆的两端套上金属皮后，杆秤便具雏形了。

接下来要做的就是最精细的活了——制定重量刻度。打磨好的秤杆挂上秤盘后开始定支点，需用砝码校验。制秤匠左手食指不停地轻轻拨动秤砣，当木杆处于平衡时，用双脚规在木杆背面划一道印记，这道记号叫定盘星，其余便按此推断重量。所以制秤匠最好能懂一些物理和数学方面的知识，这样定刻度的时候会容易一些。

钉星花时，需要拿着钻头，快速地在杆子上钻一个小孔，再把一段细铝丝插入秤星孔，然后用刀将铝丝割断，在秤杆上敲打两三下，一颗颗铝星就镶在了秤杆上。一根秤上，星星点点都是星花，全部钉完起码需要两个小时，钉星花也是最考验制秤匠耐心的环节。

有少数一些制秤匠受利益的驱使，会暗地里满足主顾的要求，在秤杆内装水银、秤盘上加坠铁，或者在石秤锤上做手脚，这些都会使秤不准，这就是我们所说的缺斤少两。

现如今，随着电子秤的出现，传统的杆秤也渐渐淡出了市场，再加上制作传统的杆秤耗费工时，且收入微薄，很多年轻人也不愿意学习这门手艺，传统制杆秤手艺也面临着失传的境地了。

40. 船匠

在历史的长河里，船，不仅是沿湖沿海人们的运输工具，更是出门行走不可或缺的代步工具。当时的木船种类很多，有打鱼船、农用船、运输船等，它们都是船匠们辛辛苦苦亲手打制而成的。

要想做船匠，首先得从学徒做起。做学徒刚开始并不是学技术，主要是打扫工地，洗涮旧船，或者是帮师傅打下手，做点锯木、出料、钉边、钻眼、调浆、捶桐油石灰之类的活。而做得最多也是最辛苦的就是捶桐油石灰，这是制造木船防止进水的主要原料。

那时候，基本上没有什么防护措施，筛石灰就用两只手将石灰放在筛子上左右摇摆，弄得全身雪白，连眉毛头发都是白白的。到了冬天，手掌都会开裂，流出红红的鲜血。石灰筛好后，就和桐油按一定比例倒在用石头做的捣臼中，然后像捶年糕那样不停地捶。由于桐油和石灰会产生黏性，捶起来非常吃力。捶出的桐油石灰，要像牛油那样光滑有黏性，达不到这样的标准，还得重新再捶。即使在冬天，学徒们也是光着上身，捶得满头大汗。学徒们将捶好的桐油石灰送到工地，师傅们用榔头和凿子将桐油石灰加麻丝敲在船板缝中，这就可以防止船漏水了。

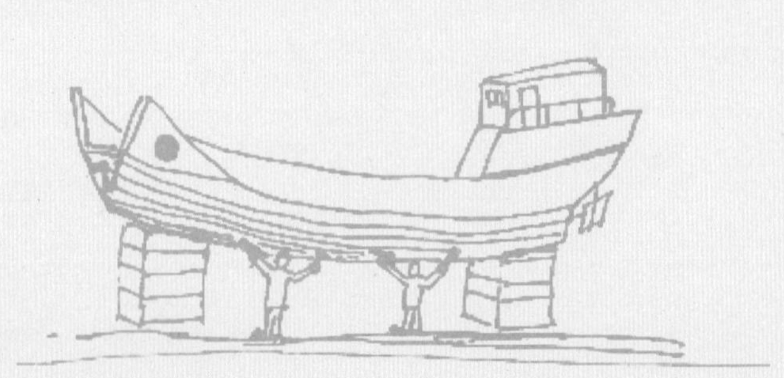

做了一段时间学徒，就可以

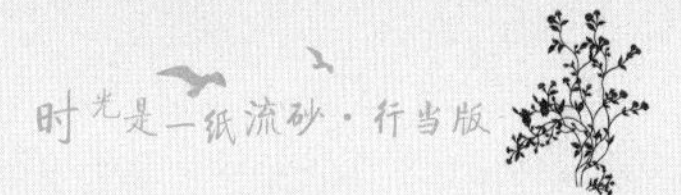

开始学造船的技术了，首先要学的就是选木材。造船的木料多为椿木、杉木、樟木等。用其他替代树木造船，耐腐抗撞能力就要差些。选好木材后，就像做木工一样，要将各个打磨好的船体拼接起来。

那时候，没有电动工具，全靠人工斧、锯、刨、钻，将船体拼装成形。最后还要给做好的船进行油漆，将桐油加红粉搅拌，在船体内部和外部进行涂抹，大吨位运输船的船头两旁外侧，还要画上两只眼睛，显得比较威风。

木船全部建造完工后，还要将船在水上进行试水，看造的船灵不灵活。驾船人站在船的后舱，两手握木桨，力气用得大，船速度就快，反之船速就慢。如果船要改变方向，手用力往外推，船头就往右；用力往内扳，船头就向左；如果继续不停地推或扳，船就会掉头。当然，要学会摇船也并不是那么容易，要经过一段时间的练习。否则，不但船桨不听你的指挥，甚至人也会掉到水里。

随着科技的进步，人们还造出了水泥船、钢板船等材质的船，造价也便宜，且耐腐朽抗撞击，从而也逐渐取代了木船。这船匠的手艺，也随着木船的退隐江湖而搁浅，再也很难看到大吨位的木船了。

41. 篾匠

以前，竹器与人们的生活是如影随形的，大到房屋、床铺、躺椅、桌子、凉席，小到竹篮、淘箩、蒸笼、箩筐、筛子，甚至连热水瓶壳也是竹编的。特别是在盛产竹子的南方农村，谁家房前屋后没有几丛竹子，没有那些必备的竹器家什？因此编织竹器的篾匠，在乡间当然就显得不可或缺，市场广阔了。他们用柔韧、粗糙而又灵巧的双手，激活了乡村色彩斑斓的生活。

在当时，家家户户都具备着生活必需的实用篾器，用烂了就得添补或是新置，自家不会这门手艺的，就得延请篾匠到家，砍竹、剖篾、编制。

篾匠一般都是40岁以上的男人，乡间篾匠几乎都是当地的农民，他们平时侍弄自己的庄稼活儿，在农闲时有人相请，才去给人家编制篾器。主家管饭，好酒好肉一日三餐。他们的报酬也没准儿，有的是互换工时，有的是给点钱，有时甚至是帮忙不要报偿。在农闲又没人延请时，他们就用自己家的

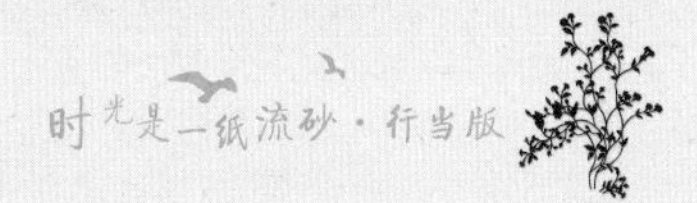

竹材编制些日常用的篾器，拿到街上换几个钱。

在有的地方也有挑着担子走街串巷的篾匠，一般徒弟挑着担子在前头走，师傅跟在身后不紧不慢地吆喝：“竹篮、淘箩子修——”。篾匠的担子一头是工具箱，一般都是木质结构，椭圆形状，有尺把高，箱盖打开以后形成一个半圆形敞口，里面装有篾刀、小锯、小凿、小钻之类必备的工具；另一头是材料架，放着长长短短的竹片，竹架上挂着锯子、圈成圆圈的竹篾，下面挂一些竹篮、淘箩之类的半成品，可以说既是材料架又是展销台。

篾匠活的精细全在手上，篾匠掏出不同的刀能劈出不同的篾条，最外面一层带竹子表皮的叫青篾，不带表皮的叫黄篾。竹篾中最好的当然是青篾，最适合编织各类细密精致的、极具美感的篾器。因其柔韧度强、弹性好，根据需要还可以剖成细细的青篾丝，如编制蕀篮篼、筲箕、斗笠、甑篦子等竹器都需要用青篾丝精心编制。黄篾大多用来编制大型的竹篾制品，如晒簟、斗腔。

篾匠最辛苦的也是这双手，由于成年累月的编织，十根手指头就像树根一样粗糙，到了冬天手上的口子都裂开了，一碰水就钻心地痛。

现在，随着工业制品的日渐繁盛，品类繁多的塑料制品，已经逐步取代了农村原始的篾器，篾匠的生意也越来越不好做，年轻人更不愿意去学，老一辈薪火相传的篾匠手艺可能也将面临失传。

42. 货郎

在原始社会后期，出现了以物易物的交换活动。到了夏代，在社会上便分离出一部分专门从事交换的人。公元前 1000 多年，黄河下游的商族首领王亥聪明多谋，很会做生意，经常率领很多奴隶，驾着牛车到黄河北岸去做买卖。

后来，到了商族后裔汤的时候，商族的手工业已相当发达，特别是纺织业，花色品种优于其他各族。汤为了削弱夏的国力，便组织妇女织布纺纱，换取夏的粮食和财富，把贸易作为政治斗争的武器，最后灭了夏代的统治者夏桀，建立了商朝。

周朝建立后，商朝的臣民被贬为下等人，被剥夺了政治权利，被没收了土地和财产。过惯了奢侈生活的商族贵族，为了过上更好的日子，便纷纷重操旧业，到处去跑买卖。久而久之，便在周族人的心目中形成了一个概念，即跑买卖的人都是商族人。后来，慢慢地“族”字也去掉了，简称为商人了。

到了元代，行脚商开始被称为“货郎”。周作人在《水乡怀旧》里这样回忆穿行在江南的货郎：“城市里本有货郎担，挑着担子，手里摇着一种雅号‘唤娇娘’的特制的小鼓，方言称之为‘袋络担’，据孙德祖的《寄龛乙志》卷四里说：‘货郎担越中谓之袋络担，是货什杂布帛及丝线之属，其初盖以络索担囊橐衔且售，故云。’后来却是用藤竹织成，叠起来很高的一种箱担了，但在水乡大约因为行走不便，所以没有，却有一种便于水行的船店出来，来弥补这个缺憾。”“唤娇娘”很有诗

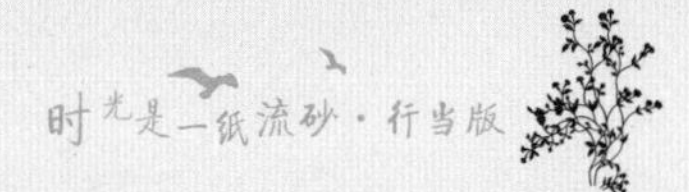

意，这也暗示了一个情色隐喻，很多女人，往往就是因为产生感情而跟着货郎远走他乡的。

货郎的铃铛声就像以前镖局走镖时的呼号，声音飘过几个山冈，在空旷的山野里回荡。姑娘汉子们放下手里的事儿，回家拿点钱，就等着货郎的到来。货郎这时候就像演员似的，用行动证明自己带来了好货。其实不外乎是些针头线脑、香烟火柴、毛巾肥皂、铅笔信封、蛑壳油雪花膏之类，一副挑子简直就是一个移动的杂货店。最激动的要数上次要货郎带东西来的人，他（她）已经盼望了很久，梦寐以求的东西终于带来了，他们甚至会把货郎这个小小的生意人，视为希望的使者！

在民间传统观念中，只有学无所长的人，实在没办法了才会去当货郎混饭吃。其实货郎是非常辛苦的，下乡一次少说也是十天半个月。这也反映出了传统观念中的一种轻视商业的思想。

43. 烧炭工

相传，木炭的发明者是战国时代的孙膑。在孙膑还未出道之前，他与庞涓是师兄弟，同在鬼谷先生门下学艺。一日鬼谷先生要考一考他们的智力，就命他们二人进山去寻找一种“不冒烟的火”。庞涓进山一日，无功而返。孙膑则在山中伐木，然后用火焚烧，烧到一半，就用土把烧过的木材盖起来。他第二日进山的时候，将土翻去，取出烧黑了的木头，重新点燃，这就是不冒烟的木炭。因此，在以前，烧炭行都供奉孙膑为祖师爷。

旧时人们起炊做饭、冬日取暖，有煤的地方烧煤，不出产煤的地方就只能烧炭了。说到烧炭，就不能不说烧炭工。他们先是选择一个地方挖窑孔，然后经过砍树锯木、装窑、烧窑、封窑和出炭等几个环节，这炭才算烧好了。

窑孔位置应选择在平坦的地方，最好是通风、干燥的地方。整座窑孔呈大半个圆形状，先用锄头划一个大致的轮廓，然后把圈内的沙石泥土都挖出掏空。挖好的土窑高约五尺半，宽六尺左右，四周靠边沿的地方，要留好 3 ~ 4 个烟囱洞和一个观火眼。

土窑挖好了就要开始砍树伐木了，一般都会挑碗口粗的树砍，烧炭工把砍倒的树斩头去梢，将中段砍成五尺来长、不带枝叶的光木段，拖到窑里。

接下来就是装窑，将树段竖直，从里到外，按一定的层次、程序排列在窑孔内，把含有松脂的、容易燃烧的松木段放在引火口。然后在排

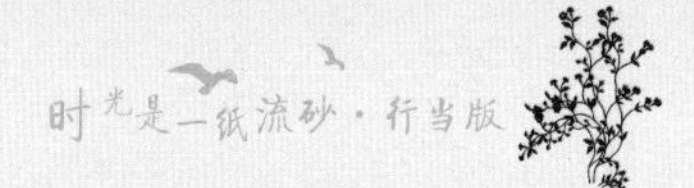

列着的木段上端盖一层厚厚的柴草，柴草之上再覆盖黏度较高的黄泥，要有一定的厚度，先用脚踩，再用长木棍子不停捶敲，直至黄泥光滑油亮为止，这就是窑顶。

装完窑后，可以点火烧窑了，先用干柴引燃，塞进窑口洞里，用干柴烈火烤里面的木段，慢慢烤干。开始时，炭窑冒出的烟带有水蒸气，是白色的，几个昼夜后，烟变黄，再变青，然后烟几乎就看不见了，往上冒着的是青纯的气，此时就可封窑，即把洞口、烟囱和观火眼统统用黄泥密封住。

对于烧窑火候的把握，需要一定的经验，必须由烧炭多年的老炭工把关，因为烧过了头，就只留下灰，见不到炭；而如果烧不透的话，那么炭的中心部位还是木质，这种炭通常叫生炭，用起来有些烟，且炉温不高。

封窑一星期后开窑透气，然后再冷却三天，就可以取炭了，烧这一窑木炭前后需要七八个年轻力壮的人苦干半月之多。遇上天气冷，或许可以卖个好价钱，否则就只能贱卖。所以，烧炭是一门很辛苦的行当，砍山伐木，起窑烧炭，天寒地冻，挑担送炭，让人不得不想起白居易《卖炭翁》里面冻得瑟瑟发抖的卖炭老人“心忧炭贱愿天寒”的心境。

44. 蓑衣匠

旧时在南方的农村，几乎家家户户的墙上都会挂有一两件蓑衣。那时，蓑衣是农人和渔夫的理想雨具，因为人们天晴下雨都得出去劳作，天晴就戴斗笠，下雨则穿蓑衣。在淅淅沥沥的风雨中，看着披着蓑衣戴着斗笠的农人牵牛阡陌，或渔民河岸垂钓，都是一幅幅古老而美丽的画卷。

一件蓑衣，从买棕片到编织成衣，有几十道工序。技艺娴熟的蓑衣匠，三天多可以编一件。编织蓑衣时棕片要对齐，棕线针脚要齐整，蓑衣左右对称，上下均衡。编蓑衣还是一件很费体力的手工活，在缝合棕片的时候密实紧扎，针线匀称，棕片平整，不花力气是不行的。

领子是一件蓑衣的关键部位，所以在编蓑衣的时候，首先就要立领。缝好领后，就要钉八卦。八卦是连接领子的脊梁部分，也就是蓑衣的骨架。这里得用上好的棕片，做出来的八卦才会越穿越油光发亮。立完领子，钉好八卦，就可以铺里子和接围腰，里子的棕片要宽而平实，围

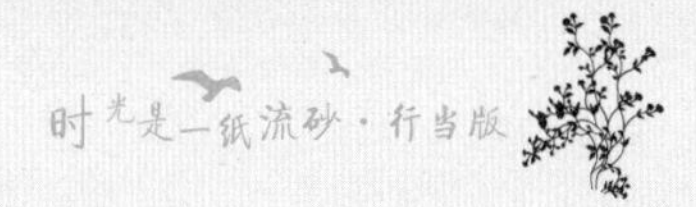

腰则需要一样长度的棕片。

这些都做好以后，还有最后一道工序，叫盖活，也就是用棕片将后背的缝给铺上，这也是面子工程，当然棕片也要选择上好的，能入蓑衣匠眼的。

好看的棕片都被蓑衣匠拿去缝了蓑衣的面子，那稍微次一点的棕片是不是就没用处了呢？其实蓑衣的制成，靠的完全是棕索的连接缝合。一件蓑衣，光棕索就要八九种。所以，那些差一些的，不那么好看的棕片就被蓑衣匠搓成了棕索拿来用。

用途和功能不同，棕索的大小粗细也各异，他们搓编的棕索主要有领索、围腰索、扎领索、挂领索、锁索、翅索、围间索、绞线索等。大部分的绳索都用手搓，只是用量大而稍细点的，就用绞索机，摇起来轻松些。

而编蓑衣的针就更多了，直的、弯的、长的、短的、粗的、细的、大的、小的几十种……看得人眼花缭乱。

20 世纪末，蓑衣斗笠就已逐渐淡出人们的生活，蓑衣匠也不见了踪影。不管是在城市还是农村，恐怕再也见不到披着蓑戴着笠劳作的身影。现如今，手工制作一件蓑衣的价格也不菲，一般人也不会去买，我们也只能在一些展馆里或电视上才能看到这昔日的雨具了。

45. 捏面人

小时候，在大街小巷经常可以看到一些捏面人的手艺人。他们带着工具，现捏现卖。几团颜色各异的面泥、一把刀子、一把梳子，就是这样简单的工具在捏面人的师傅手里却能变化万千。两三分钟的工夫，普通的面团就变成了活灵活现的鹦鹉、小巧玲珑的老鼠、肥头大耳的小猪、艳丽的牡丹……

捏面人又叫面塑，是民间的一种手工艺品，制作简单但艺术性很高。它以糯米面为主要的原材料，再加上不同的色彩，用手和简单工具就能塑造出各种栩栩如生的形象。在以前，捏面人师傅总是挑担提盒，走乡串镇，或街头，或路边，深受群众特别是小朋友的喜爱。

捏面人师傅的工具不多，一个红色的已经掉了漆的木箱子，底下一个凳子，原料和工具都在箱子里装着，箱子打开放在凳子上，那些做好的面人就用小竹棒挑着插在箱子上的稻草桩上。别看师傅的家当少，可以毫不夸张地说，但凡是地上走的、天上飞的、水里游的，他们都能捏出来。

捏面人的师傅所用的面均为“熟面”，这是因为反复揉搓所致，面需要反复揉搓至热，

才有“筋力”，有韧性，拿捏造型才能指挥如意。面团不能过干，过干会让面人各部件之间不易黏接；也不能太软，面团太软容易失去骨力，这时需要将面团置于阴凉通风处，等到面团不黏就可以了。还有，如果面团弹力过大，也会影响面塑细微部分的刻画效果。所以，捏面人首先要对面团的拿捏要准确。

除此之外，捏面人还讲究“一印、二捏、三镶、四滚”，捏的时候应该注意的地方是“文的胸、武的肚、老人的背脊、美女的腰”。

以前捏面人用的颜色是色素，面人既可以吃又可以看，但是保存的时间很短。现在没有人吃面人了，师傅们就在面里添进胶，颜色用不易褪色的广告色，这样做出来的面人很坚固，能保存很长时间。

随着时代的发展，市场上的玩具令人眼花缭乱，选都选不过来，小朋友也不会再为买到一个面人而高兴半天了。曾经栩栩如生的面人就这样渐渐退出了繁华都市的街头，难觅踪影。

46. 吹糖人

一提起吹糖人，相信很多人都会有这样的感觉，耳朵里仿佛又听到吹糖艺人那不紧不慢的铜锣声，似乎又看见一身尘土、满脸沧桑的吹糖艺人挑着一个担头插了唐僧师徒四个小糖人的小担子，从小巷的尽头徐徐走来。

在过去，街市上的吹糖人是最为小朋友喜爱的。他们用小棍挑一点麦芽糖料，撮一下，边吹边捏成形，或人或猴，或猪或狗，一个个生动稚趣。一听到吹糖人的铜锣声，小朋友们便会争先恐后地围在吹糖人的摊子周围。

早年的吹糖人多为民间艺人，在寒冷或干燥的季节，身担火炉，走街串巷，沿街叫卖。他们生火主要以锯末、麸糠为燃料，既避免明火把糖稀熬煳，又能保持恒温使糖处于柔软状态，便于随时挑起来表演。后来改用电炉熬糖稀，就更加方便了。

吹糖人用的原料主要是自己熬制的饴糖（也称转化糖），为咖啡色，在常温下为块状，需要敲碎之后慢慢加热。熬

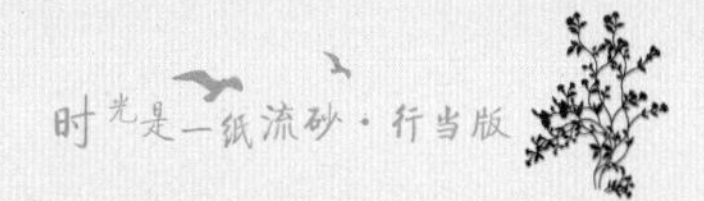

制饴糖的主要原料则是淀粉，师傅们都有自己独到的配方和熬制方法，他们熬制饴糖没有专用的设备和仪器，整个过程全凭自己的经验来判断。

等到糖加热到合适的温度以后，吹糖人艺人便会揪下一团，揉成圆球状，用食指沾上少量淀粉压一个深坑，收紧外口，快速拉出，到一定的细度时，猛地折断糖棒，此时，糖棒犹如细管，吹糖人艺人立即用嘴巴往细管里吹气，同时用手捏造型。整个过程不仅要快，手法还要准确。

吹糖人并不是一件简单的工作。一般来讲，学徒经过一段时间的培训，可以学会熬糖、拉糖等基本技巧，但学会吹糖人还需要进一步练习。吹糖人不同于一般的造型，必须掌握糖的特性，因为吹糖人时糖体具有一定的热度，必须一边鼓气一边造型，而且鼓气也需要技巧，造型更需要创作者的艺术细胞。所以，吹糖人这门手艺不是三两天就能学会的，需要操作者长期的勤学苦练。

这门技艺的传承方式也比较传统，一般是以家庭（或村）为单位，传男不传女。这门手艺在我国北方比较常见，因为北方的气候凉爽干燥，有适合吹制糖人的工作环境。

随着人们物质生活条件的提高，人们对食品卫生的认识也在逐步增强。这些吹糖人艺人用嘴巴吹、用手捏出来的糖人，显然已经不符合人们的卫生要求了，再加上糖制品极易溶化，不能成为观赏品存放相对较长的时间，并且这些东西色彩单调、质感平淡，已越来越不能满足人们的需求了。现如今，从事这门手艺的人越来越少，只有在春节和庙会期间偶尔还能看到有吹糖人艺人表演这门传统手艺。

47. 首饰匠

在以前，人们也称首饰匠为金银匠。旧时人家嫁女儿的金戒指，生儿子的银项圈什么的，都喜欢找老店铺制作。首饰匠们小心翼翼操作工具，精雕细刻，一件件造型新、图案美的金银饰品就在他们手下诞生。一年四季，那些店铺都乒乒乓乓响个不停，几乎每天都有顾客戴着漂亮的金银饰品美滋滋地走出来。

过去人们普遍喜好的金银饰品都是应顾客各自的需求而定做的，一般老牌的师傅手艺堪称精湛，就会备受青睐，顾客自然也会络绎不绝，甚至要订做。有的首饰匠为了吸引顾客，还会自己设计一些新鲜的款式来供客人挑选。

店里的师傅们打制得最多的还是银饰品，毕竟那时候的金子对于普通老百姓来说还是奢侈物件，像银项圈、刻花扁镯、绞丝镯，这些都是当时最流行的饰品。那时，首饰匠的生意都还不错，男女老少都会打点银饰、金饰。

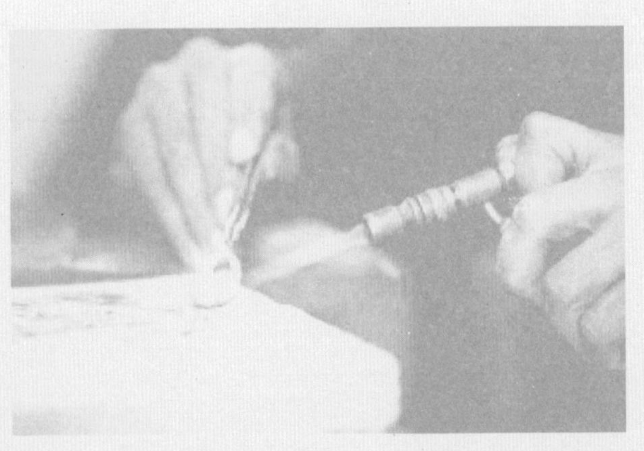

对于首饰匠来说，可能越是简单的东西越是难打，就比如打一个光面手镯，因为没有刻花，所以对手镯光泽度的要求特别

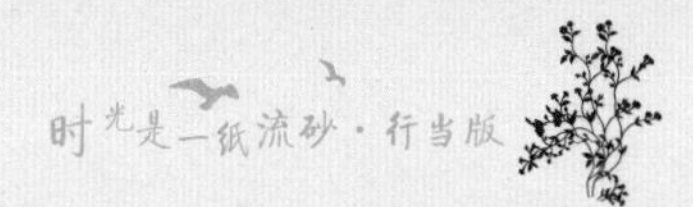

高。首先要将一些老式的、有点发污的银手镯放置在一块木桩上，经过呼呼的火苗烘烤后，手镯很快就化成了银水。然后将银水倒在刻有凹槽的砖块上晾成银锭后，再用锤子捶打成一个四方长条，经“火枪”煅烧，放入盐酸、碱水中清洗完毕后，将其缠绕在一根锥形木棒上，弄成环状，巧手一捏，手镯就基本成型了。最后，用玛瑙将银子表面的杂物挫去，一只耀眼的镯子就呈现在了顾客面前。

金银饰品既是欣赏品，又是工艺品和珍藏品。这就要求首饰匠不但要精通技术，而且还要有美术鉴赏能力和工艺美术基础。

对于这门传统的、细致的手艺活，往往得先从学徒做起，干各种杂活，比如给金银器铸铅、将金银砖打成薄片、打磨、拉丝、组装；然后师傅会点滴交给一些刻花手艺，更多的学习则要在一锤一锤的敲打和枯燥繁复的技工生涯中度过，历经数年甚至更长的时间才能出师。

很多老一辈的首饰匠都感叹干这一行太辛苦，现在很多年轻人都不愿学。再加上受到品牌首饰店、珠宝店的冲击，传统打金店因为经营观念落后、做工粗糙、款式老旧，正一步步被市场所淘汰，老首饰匠们那精湛的手艺也将随之消失。

48. 掏粪工

掏粪工，也就是厕所管理员，它最早出现的年代已无从考证，也许是有了公共厕所以后，才出现了掏粪工这门职业的。

掏粪工被社会正式承认是在 1953 年，掏粪工人劳动强度大，收入微薄，社会地位一直比较低下。

掏粪工头戴带帘的工作帽，全身劳动布的工作服，脚穿黑胶高筒雨靴，身背粪桶，戴口罩，只剩一双深邃的眼睛在外面。进入厕所以后，他们一般将粪桶放下，然后用长柄舀勺，一勺勺将粪便舀入粪桶内，有熟练的几分钟就能装满一个粪桶。一个粪桶可以装进约 20 千克的粪便，装满以后他们会背到外面的粪罐车前，将粪桶分别举给车上的倾倒工手中，由他再将粪便倒入罐中。

掏粪工的工作十分辛苦，春秋好点儿，夏天太闷，苍蝇多，臭味蛰眼，冬天粪冻了，还得用铲子铲。这些都还是轻的，令掏粪工更感难受的是，他们很容易受到社会的歧视，有很多时候他们一来，居民都要紧急把门窗关闭。只有少数人能体会到“没有大粪臭，就没有稻米香”，而当有人能给他们投去崇敬的目光时，他们的心里才是温暖的。

掏粪工社会地位和经济待遇的真正提高，则是改革开放之后。在河南，1978 年 12 月，郑州市正式明确规定：“肥料社送给蔬菜队的粪便，每吨收费 4 元，凭蔬菜队出具证明，再由市财政补贴 8 元。”当时二七区共有 5 个储粪点，240 名掏粪工人负责 160 多座公共旱厕。如果能够完成定额任务，每个掏粪工人每月可收入 360 元，这在当时，也属于较

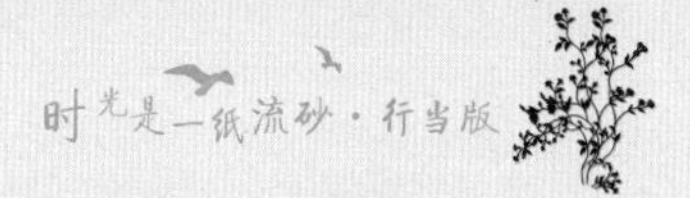

高的收入。

而现在，掏粪工不怕脏、不怕臭，吃苦耐劳的好品质，也终于随着大粪味儿的消失逐渐变淡了。

49. 手工制陶

远古人类懂得使用火以后，原始制陶技术也开始发展起来。先民在长期生活实践中发现，土与水结合再经过火烧，可以制成耐用的陶器。陶器作为上古先民最为普及的生活用具，应该是原始手工业最早的产品之一。

陶器产生的具体年代已很难考证，但可以肯定的是，我国是世界上最早发明陶瓷器的国家，中国古代的文化传统，向来把一些重大的发明创造归于“圣人”。制陶技术传说就是由舜开始制作的，即所谓舜“陶河滨，作什器于寿丘”。

陶器出现以后，陶艺也得到了较大发展，在几千年的历史中，人们生活中所用的陶器几乎都是制陶人纯手工制作出来的。

手工制陶要经过72道手工工序才能完成，而且道道工序都很有学问，十分讲究，当然这里面最主要的还是制作陶坯、上釉、晒干、烧窑等

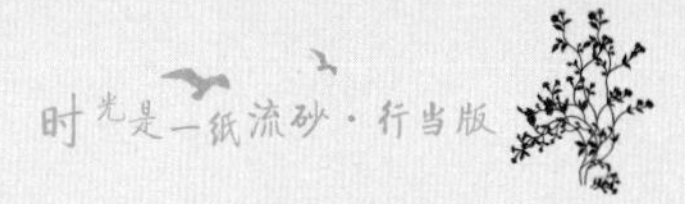

几个阶段。

手工制陶人先用黏性适度、泥质较细的泥土做陶土，并根据器物的不同用途，或淘汰掉泥土中的杂质，或掺和适量的沙子以便耐火。把调好的陶土搓成泥条，放到转轮上，用木棍快速搅动转轮，然后，在飞速旋转的转轮上用手将陶泥拉成各种泥坯，如钵、罐、缸等。

陶坯晾干后，再上釉水，并放在屋内自然风干，不能放在太阳下晒干。最后入窑烧陶。这里窑火的生起、木柴的添加、火候的控制，历来都是由有丰富经验的窑工师傅来掌握指导的。陶器装窑后，先用小火烘干陶坯中尚存的水分，然后才能加大火势，共计要烧 24 小时左右，冷却一天后便可出窑。

现在，大多数陶厂已使用电动转轮拉坯或用机械模具压坯，用柴油或用电烧窑。古老的拉坯制陶人和升腾着袅袅青烟的陶窑，正渐渐离我们远去。

50. 翻砂匠

“翻砂匠，翻砂匠，白天累一身，晚上累一炕。”这是对以前翻砂匠人的真实写照。

翻砂，即手工铸造。是将固态金属热加工至液态的金属，如铜、铁、铝、锡、铅等。通过把黏土或黏结砂作造型材料，做出砂型模具，然后将高温熔化后的液态金属灌入砂型模具进行浇注。最后经过除砂、修复、打磨等过程，才能够做成一件合格的铸件。这套工艺流程俗称“翻砂”。翻砂在我国历史极为悠久，已传承了几千年，也是应用范围最广的铸造方法。

其实这项工艺并不好学，翻砂匠从学习到掌握这项手艺，有天赋的人也至少得三年时间，而且要进行大量技术实践。

作为翻砂铸造工艺最重要的环节，翻砂模具的制作由红胶土、细颗粒砂、木炭水三种原料组成。模具先做里层，再做外层，然后在里层刮出所铸器物的厚度，再在外层雕刻图案。图案雕好后用木炭水涮光、晾干后备用。最后，在院子

里挖一个大坑，将做好的模具合好后放在坑里，填土夯实，并预留好浇铸口、通气孔，然后进行浇铸。

模具的配方、原料的干湿以及图案何时雕刻、木炭水如何涮光、器物浇铸厚度的掌握等全得凭翻砂匠的悟性和感觉，只可意会，别人说出的理论完全不能照搬，即使搬上也不好运用。

在后面的铸造环节，更是不仅工艺过程复杂，而且全部手工操作，工艺的传承以师傅带徒弟、口传心授的方式代代相传，有些绝活是绝不会传于外人知晓的。

但是现在生活条件好了，挣钱路子也宽了，相较于这种又脏又累的手艺活，年轻人更愿意外出务工。加之原材料越来越难找，不少手工艺产品正逐渐被工业产品代替，翻砂匠人也就越来越难看到了。

51. 杀猪匠

在以前，人们管杀猪的屠夫叫杀猪匠。在当时，特别是农村，杀猪匠可是炙手可热的手艺人！基本上每个村子里都有一两个杀猪匠。

在那个年代，人们手头都比较紧，平时没有多少活可以挣钱。所以农民都会在开春的时候，就从猪市买一两头猪仔来喂养。从年头喂到年尾，也就养肥了，等到年关将至，就将猪屠宰了。猪肉可以变卖成钱财购买年货，给大人孩子购置几身新衣服。猪头和下水可以解解一家人的馋虫，这在当时算得上是一年中很奢侈的一顿美味佳肴了。但是，屠宰这种活却不是自己能胜任的，一定要请杀猪匠。

每逢腊月，家家户户都要准备杀猪过年，村子里从早到晚响彻着猪的哀号。杀猪匠们每天天不亮就起床，背着刀、斧、铁钩等工具，手里拎着一把长长的捅条，按照先一天约定的人家去挨门挨户地杀猪，直干到日落西山、夜幕低垂才停歇。

杀猪也是一门手艺活儿。杀猪匠不仅要有胆量，而且干起活来还要干净利落。猪被杀死以后，猪血要被接起来，因为猪血是烫火锅的好材料。技术不过关的杀猪匠，猪血放不干净，猪肉的颜色看起来就会带有血黑色，并不红润。

猪血放完以后，刚才还活蹦乱跳的猪已软塌塌的了。杀猪匠也稍微平缓地喘息一下，接着便用尖刀沿着猪蹄割开一个三角口，然后拿一根两米左右的大拇指粗的铁棍子沿着划开的三角口往里捅，等到各个部位都捅得差不多了，杀猪匠便要开始吹气了。杀猪的人家则在旁边架口大锅，准备烧水。

为了更好地将猪身上的毛去除掉，必需要将猪先吹得鼓起来。在以前，这都要靠杀猪匠一口气一口气地吹进猪的身体里。等猪的身体被吹得圆鼓鼓的，旁边的水也被烧开了。众人便把猪抬起来放进开水锅里，一边烫，一边拿出瓦片样的刮毛器，开始刮猪毛。

刮完毛后的猪洁白光润，接着便要开膛破肚了。在以前，人们通常会把整只猪都卖给杀猪匠，杀猪匠再把猪肉分成内脏、猪肉、猪油、排骨等细卖出去。后来，养猪户发现个中利润太大，就只是请杀猪匠动手，付工钱而已。而有的地方乡亲们给杀猪匠的工钱是用肉支付的。一腊月下来，杀猪匠收的肉可以熬炼上几坛，总量顶得上一头猪的，还有猪鬃、猪毛的收入。对于当时挣钱门路稀少的庄稼人来说，算是一笔不小的进项了。

按农村规矩，杀完猪后自然还要大吃一顿。杀猪匠主要是喝酒，说是为了“长力气”，但我认为还是有“喝酒壮胆”的原因存在。

随着一些地区禁止私人杀猪，对生猪的宰杀都集中在屠宰场进行，也是为了便于税收和卫生的管理。所以，那些腰挂长刀的杀猪匠也就慢慢地无猪可杀了，也开始纷纷转行了。

52. 卖麦芽糖

麦芽糖，南方的一些地方也称为“麻饧”或“叮叮糖”。其实，称为麦芽糖是不太准确的，因为麦芽糖是专指含淀粉酶的麦芽作用于淀粉而制得的营养剂。而我们俗称的这种麦芽糖，则是指大麦发酵酿制的一种饴糖。

但不管叫什么，都阻挡不了我们对儿时的一种怀念。在物资贫乏的年代，麦芽糖为孩子们带来的不仅仅是甜蜜的欢喜，还有在清贫岁月里的一份希望。

小时候，在街巷里常可以看见卖麦芽糖的人，他们挑着一副担子，手里还拿着个类似快板、嗒嗒作响的东西，边走边吆喝着。他们的一副挑子上，盖着塑料布，揭开后就是一整块的糖饼，上面洒满了糯米粉，以隔绝其丰富的黏性。卖糖的季节一般在年末岁首这段时间。每当卖糖人“叮当”作响的敲打声远远传来，我们的心就被敲得痒痒的了，欲望被充分调动起来，早早拿了零用钱在门口

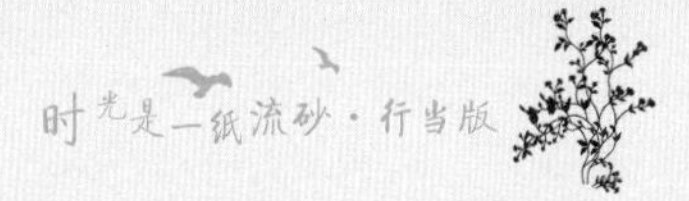

等着，口水都涌到口腔里了。

卖麦芽糖的一停下来，孩子们就站在糖担旁边，围成一圈，等着他用小铁铲叮叮当当地切糖。就是一分钱的生意，卖糖人也不会放过。他把钢片按在糖块上，用锤子轻轻一敲，一小块糖就应声落下来，孩子们总嫌太少，吃得不过瘾。麦芽糖又甜又软，咬一口可以拉出很长的丝来，常常吃得嘴上沾满了白色的糖粉。

听老一辈人讲，在以前，卖糖人也叫换糖人，当时人们很少用钱直接去买麦芽糖，都是用一些破旧的物品去换。最受欢迎、最值钱的是废铜烂铁、牙膏皮、棉布条、破塑料布、鸡毛等，只要是能到废品收购站卖到钱的都行。所以当时的孩子们总是攒着牙膏皮去换糖吃。有的调皮的孩子，还偷偷地把牙膏挤光，就为了好拿去换一块白色的麦芽糖。更有甚者，巴不得脚上穿的凉鞋马上断掉，至少可以换上两块糖。为了防止小孩们败家，大人们还编造了“卖麦芽糖的人拐卖小孩”的故事。

随着人们生活水平的提高，现如今的小孩要什么有什么，也不会屑于那薄薄的麦芽糖。不管是城市的大街小巷还是农村的山野小径，都再也难寻觅到卖麦芽糖人的身影，那买糖的记忆只能留在我们的回忆里了。

53. 修脚工

早在公元前1300多年前的商朝甲骨文中，考古工作者就发现当时已经有了关于足病的记载，并因此在后来衍生出了修脚的诊疗技术。约在清朝的时候，修脚已经成为了一个专门的行业。可见，修脚工在我国由来已久。

在以前，受封建思想的影响，旧社会的妇女普遍都缠足，当时城市商人和读书人也都裹脚，穿一种紧紧箍住脚的小鞋，再加上当时城乡道路都不平坦，时间一长，很多人脚上就有了各种病症。这些病症有时甚至令人很痛苦，给工作和生活也造成极大的不便，这就需要找修脚工来修脚了。

修脚工运用锋利的修脚刀，施行修、削、剜、劈等技巧，对症下刀，大多能为患者解除一段时间内行动不便的痛苦。这些技巧看起来简单，但力道十分重要。轻则伤皮伤肉，这里面对脚趾、脚丫、脚跟，全方位的“扫描”，全靠修脚师傅的五指协作和谐。

传统的修脚有两种形式：一种是在街头（包括庙会、集市）路边摆摊，他们一般搭一个白布棚子，地上铺一块红布，上面摆放修下来的脚疔、脚垫等皮肉，墙上挂一块画着各种脚病图样的白布，按图指画讲说来招揽生意。其中有常在一处摆摊的，必得能做“尖活儿”，即手艺好不骗人。而那些赶集或庙会的，就难免做“腥活儿”了，即糊弄人骗人钱。

因为地域和习惯的不同，所以修脚的刀法、技巧也会有所差异。在全国，修脚行业大致可以分为三派：一是以北京为中心的河北派，二是以济南为中心的山东派，三是以扬州为中心的江苏派。其中，扬州修脚派以技艺精湛、健身除病而独享盛誉，驰名海内外。

修脚工的工作主要是剪脚趾甲、治脚气、割鸡眼、去死皮，揉捏、搓拍、拉伸、按压，要样样精通。修脚的时候，顾客和师傅在一高一矮的板凳上坐下，顾客褪去鞋袜，师傅腿上垫一布巾，顾客的脚便乖乖地任师傅摆弄了。至于常年生于前脚掌的鸡眼，只要取掉，拔出那一小节肉瘤来，人就清爽了，不再硌脚。脚气嘛，就不那么简单了，师傅的揉捏只能算是“脱靴搔痒”，其实是断不了根的。

一个好的修脚师，还要懂得一些脚上经络、穴位什么的。足底穴位很多，哪里主肾，哪里主肝，哪里主胃，找准了，用力得当，方法合理，疗效就显著。

如今街头修脚工早已见不到了，澡堂子里的修脚工也随着澡堂子逐步消退而日趋减少，也许哪天人们会想起他们，但也再难寻觅他们的身影。

54. 打更守夜

打更在我国已有 3000 多年的历史，是旧时夜间的一种定时报时的做法，在新中国成立前后，它还算是个较为普遍的职业，一般城市都少有钟表，晚上的报时就几乎全靠打更的了。甚至很多农村城镇都有打更的。

那时候大家晚上少有文化娱乐生活，基本上是日出而作，日落而息。人们听到更夫的打更声，便知道了时间，知道按惯例该做什么了，人们就这样过着一种按部就班的平静生活。

对于今天的人们来说，大多只有在电视上看到更夫，他们大多都是被演绎过的：白胡须，弯腰迈着缓慢的步伐，艰难地拿着木梆子，边打边走，喊着像“天干物燥，小心火烛”之类的话，但其实这么文绉绉的词没有哪个打更人真正喊过，他们打更用的家伙倒是差不多。

打更的人通常是一个人，他们通常提一个细棍灯笼，随时可以插到腰际，有的干脆一直插在腰上，腾出手来，一手拿更棒，一手拿竹筒。有的地方是两人一

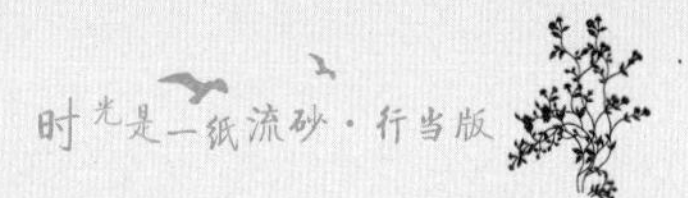

组，一人手中拿锣，一人手中拿梆，打更时两人一搭一档，边走边敲，“笃笃———咣咣”，再悠长地呼唤着“各家各户——防火————防盗——哟”。

打更人一夜要敲五次，每隔两个时辰敲一次，晚7点到晚9点为一更，打的声音是一响；9点到11点为二更，打两响，余者类推。一晚上总分为五更，最多为5响。等敲第五次时俗称五更天，这时鸡也叫了，天也快亮了。

除了报时外，打更人还兼有威慑小偷，查看火情、水情的职责。他们腰上还背有一面铜锣，遇到紧急情况，就朝铜锣猛敲一气，唤来帮手。

可见，打更是一份很辛苦的职业，他们昼伏夜行，要有不惧强盗和鬼怪的勇气，不分寒暑，沿街报时，敲出的更声单调枯燥。

那时的打更人，比较固定，由地方上的街坊，店家和地主等集资雇请，大多都是年迈无家可归的孤苦老人，他们上了年纪失去了劳动力，只能用打更的微薄收入，惨淡度日，条件好点的可以住在乡公所或祠堂，条件差的只能栖身在破烂的庙宇里，无论凄风苦雨或酷暑严夏。他们的薪资有的以月薪计算，也有的并不以月薪计算，而是逢年过节由地方上凑一些钱或米粮打赏便算的，不够吃时便向街坊熟人乞讨过日，他们一般都比较尽职尽责，很少有玩忽职守的。

新中国成立后，随着人们生活水平的提高，晚上的文化娱乐生活也大大丰富起来，钟表也已得到普及，人们掌握时间比打更可精确多了。自然而然的，打更这门古老职业也就逐渐消失了，或许有些人仍然还时不时地怀念打更时代那种平静淡然的生活，但也只能在影视剧中寻觅到一丝安慰了。

55. 吊酒师

“新年到，把酒吊”，以前在我国的一些乡村，每到年末时，各家各户都会在自家门前开起“小作坊”，忙着吊酒（民间称酿酒为吊酒），请来当地的吊酒师，吊上一蒸或二蒸美酒（500 斤酒料为一蒸，每百斤可酿 50 斤酒），用这种传统工艺吊自己爱喝的高粱酒。

这种吊烧入口绵柔，不上头，但后劲很足，喝过吊烧的人不少，但真正见过吊酒师工作的人却不多。

吊酒师工作时，大多分为蒸饭、发酵、吊酒、醇化四道工序。

先要在土灶上安放好锡锅，把糯米淘洗干净后放入锡锅，并加上适量的水，蒸成米饭。饭蒸熟后要盛在匾里摊开，放上酒药拌和，一边抖一边加入适量的温水。接着放入缸里按紧，中间抠一个酒酿潭。再在缸

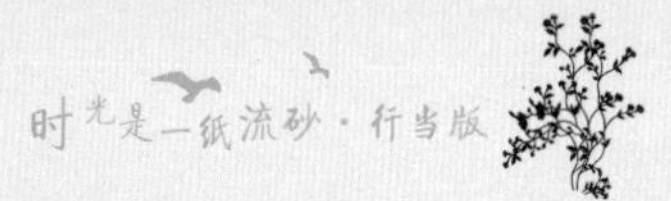

口盖一个草盖，让饭发酵。

继而舀入吊酒锅，吊酒锅有点像吊薄荷油的薄荷锅，铁制，直径和高均有1米多，锅的近底部有个直径三四厘米、长二三十厘米的出酒嘴，上有铁盖。装好发酵饭后，盖上锅盖，盖边与锅沿用铁扣扣紧，不让它跑气。

接下来就到了烧制出酒阶段，随着温度慢慢升高，冒出的酒气通过烧制设备冷却便凝成晶莹的土烧酒从管道流出来了。

刚酿制出来的吊烧带有温热之气，馨香诱人。不像瓶装卖的酒那么辣口，又不失酒劲。以前有的人家每年都要请吊酒师吊上200多千克自家的烧酒，除了送些给朋友，一家人可以喝上一年。

而如今，自家吊酒已不多见，年轻人也不愿意再去学这门手艺，吊酒便慢慢没落了，只在一些偏远的山区，还偶尔能看到吊酒师的身影。

56. 榨匠

旧时乡间有句俚语叫“女人盼月子，男人望榨油”。这句话道出了物质匮乏时期人们对营养滋补和油水滋润的渴盼，榨油坊因此也成了乡村一道亮丽的风景线。

当时的榨油坊都是用木榨榨油，一年中的多半时间是冷冷清清的，只是到了深秋或初冬，才开始喧闹起来。人们称在榨油坊工作的手艺人叫“榨匠”，他们从事的职业叫打榨。

榨匠属于技术活，他们通过一定的工具和操作程序，可以把油菜子、桐子、木梓、茶子、漆子等这些含油植物种子里的油榨出来，供人们食用。榨匠榨油从筛子、车子、炒子、磨粉、蒸粉、踩饼、上榨、插楔、撞榨到接油有十多道工序，除了磨粉是机械作业外，其他全部靠手工完成。

油菜子收回来后，首先用风车筛去杂质，接下来的第一道工序自然是炒子。炒子要放在大沙锅里炒。大沙锅用黏泥垒成圆瓮形状。瓮子要高出锅沿五六寸左右。锅上吊有一个木制的炒子的工具，炒子的人利用杠杆原理把锅里的生菜子炒熟。

菜子炒熟后就要上石碾进行两至三次碾磨，磨的粉越细出油率就越

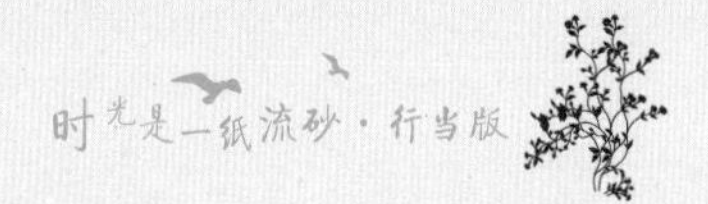

高。一头被蒙住了眼睛的老黄牛，围着很大的石碾子转拉，有时石碾的横杠上还坐了几个顽皮的小孩，一来可以赶牛碾粉，二来也增加点重量，加快磨粉的速度。

菜子粉碎后，就被担到榨油坊的里间，里间有个宽大的灶台，上面支了一口大锅，将碾碎的菜子粉在里面蒸熟，然后迅速倒入铁箍中，用稻草包起来，打着赤脚在上面来回地踩。直到踩得跟圆饼似的，就装入旁边的榨油机里开始榨油了。

那时榨油的工具称为木榨，高约数丈。将踩好的圆饼放在木榨的中间，放好后再用木楔撞紧。在距木榨二三米的地方吊着一棵粗大的撞杆，长约三四米，头粗尾细，宛如一个巨鲸吊在那里。打榨就是抡着那根巨大的撞杆撞击木楔，让油顺着木榨流下来。

打榨一般是两个人同时进行，其中一个掌执撞杆中心部分的，称之为打。另一人帮助带动的，称之为带。打榨时，两人无论是脚步、身体，还是号子都必须一致。打榨之前，两人先将撞杆往前移动两下，这两下不撞击撞杆，为最后猛烈的一击做准备。第三下两人同时喊一声短促而有力的号子："嗨！"然后后退，并且打者立刻转身，将撞杆举过头顶，再转身向前，两人再次同时喊一声高昂有力的号子"依哟嗨"，猛地向木楔撞去。动作轻盈变化，声音洪亮有劲。当豆大的汗珠从榨匠脊梁上纷纷滚落之时，清亮醇香的菜油就从榨油机下汩汩地流出来了，算是对榨匠辛劳的回报。

现在，木榨早已被效率更高、更省力的电力榨油机取代了，榨油坊在乡间早已绝迹了。但榨匠那浑厚整齐的"嘿哟嘿哟"的榨油声却似乎还能穿越时空，撩拨人心。

57. 拉洋片

拉洋片作为民间艺术的历史并不长，这“洋”字来自西洋景和西洋镜，洋片即画面，拉洋片就是人们俗称的“看西洋镜”。在当时影视技术还不发达，人们视野尚不开阔的时代，拉洋片还是很有一定吸引力的，特别是在过年过节的庙会上。

演出时，拉洋片的师傅会将各种画片放在特制的木箱中，这种箱子一般都带三个侧面，前面开三五个孔，装上凸镜，可同时供多个人观看；木箱分上下两部分，上面装洋片，用绳系好，绳头伸到箱外以便拉上拉下。箱子上面往往放一些彩色照片和风景画，也算是做广告，吸引顾客。

箱上有木架，架上固定有小鼓、小锣、小镲，分三层固定在木架上，用绳子把三种乐器连起来，用手拉脚踩，就会锣鼓齐鸣。

拉洋片形式不限，可以一人操作并且演唱，也有两人操作演唱的。一人表演时，连唱带敲打“家伙”，看起来会让人觉得“手忙脚乱”；两个人操作时，通常会分站在箱子两边，将装好画片的镜框排成一行，

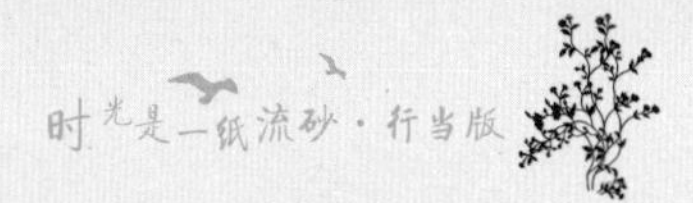

一人从下层往里推，一人往外抽，抽出来的画片再放入上一层箱内。有时他们还会根据画片内容的变化，采取对唱的形式演唱故事。

画片的内容多种多样，有戏曲故事，如《白蛇传》《西游记》等，也有各地风景，以及美人图等。有的一张画片就是一个完整的唱段，画是固定的，词也是固定的；还有一种形式比较灵活，即兴演唱，词不固定；也有的是多幅画片表现一个故事，就像连环画的形式，师傅们会随着画片的变化，说唱其中的故事。

观众往往花上三五分钱，便可坐在木板凳上，往里看上一回西洋景。看箱内天地万物，气象万千；听表演者即兴编出的词儿，唱得绘声绘色，津津有味。

拉洋片的师傅为了吸引观众，多挣钱，总是有新鲜词儿，也常换新片儿，所以他们的摊位边总是不缺观众。他们在唱词一段中最后一个字都会拉长音“嗳”。唱这个“嗳”字时，奇声怪调，脸上表情丰富，咧牙蹙眉，逗得人直想笑。

历史在发展，时代在前进，尤其是现在家家户户都有了电视，电脑也进入了普通百姓家，拉洋片这一行当早已不见了踪影，或许只有老一辈的人们还会怀念那木箱子背后多彩的世界和拉洋片师傅那咿咿呀呀的唱词了。

58. 绣花师

我国刺绣工艺有着悠久的历史。传说尧、舜、禹时代，就在衣服上作画刺绣了。秦汉时期，刺绣的工艺技术就发展到较高的水平，它和丝绸是汉代封建经济的重要支柱，也是古代丝绸之路上对外输出的主要商品之一。

绣花，就是刺绣，指用针引彩色丝线，在纺织物上刺绣各种图案。受中国深厚的男耕女织的社会制度的影响，绣花编织是身处深闺中的女性学习的一种修身养性的技能。中国的女性从小就要学习女红，熟练掌握刺绣本领，甚至一个女孩儿刺绣作品的好坏都会影响到她是否能嫁一个好人家。有钱人家还会专门给自家的女儿修建一座供她们学习刺绣的绣楼，除了刺绣，没有别的生活。花针穿梭，彩线缤纷，纤手凝脂，也不失为一幅浓郁的诗情画卷。

绣花编织最初只是身处深闺中的女性学习的一种修身养性的技能，或者传递男女情爱的信物。后来，一些家庭妇女或贫苦家庭的女孩也把这作为补贴家用的一项技能，靠自己灵巧的双手为家里分忧解难，人们称她们为绣花女或绣花师。

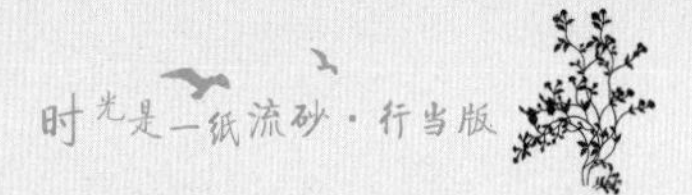

绣花师的刺绣技术一般都是由母女或婆媳世代传袭下来的，最初只作为衣服边缘、袖口、裤边的装饰品，后来发展到在器物上也绣上了精美的图案，比如人们佩戴的锦囊、枕头套、铺盖缎面、丝巾、披风、蚊帐、桌布等。绣花图案以山水、花鸟、龙凤居多，针脚细密，色彩明快，极受人们的欢迎。尤其在婚嫁的床上用品里，更是要绣上鲜艳的图案，这也是考验绣花师技能的时候。

在绣花之前，客人可以根据绣花师提供的画稿，选择图案和颜色。这些画稿都是请画师画好的，一般为细腻的工笔画和线描作品。根据画稿，优秀的绣花师可以做到百分之百的复原。当然，要完成这样的一幅作品，少则十天半个月，多则一两个月，很耗费时间，自然价格也不菲。

有的妇女做不了这些复杂的工作，就退而求其次，另辟蹊径。为小孩子的衣服绣上些红红绿绿的花朵，买主也图个吉利；有的在鞋垫、缎面上也绣上些花卉虫鱼。她们把简单不起眼的物品，做成了工艺品，使穿上的人，也有种飘飘欲仙、足下生莲的感觉。

但令人遗憾的是，随着社会的进步，科技的发展，机械化替代了手工活，传统的刺绣也越来越小众化，正逐渐被人们遗忘。

59. 装裱匠

装裱，主要是用各种绘锦、纸、绢对书画作品进行美化或保护修复的一种手艺。中国的书画装裱，具有悠久的历史和鲜明的民族特色。绘画、书法俗有“六分做、四分裱”之说，因为出色的装裱是美术书法作品的一部分，它能使笔墨和色彩更加突出，从而增强作品的艺术感染力，也才能使书画便于收藏、流传和欣赏。所以装裱技术的高低，绫绢色彩的选择与装裱形式的设计会直接影响到作品的艺术效果，这就要靠装裱匠了。历代一些珍贵的书画珍品，也正是因为装裱匠高超的技艺才使其不至于失传的。

历史上有名的装裱世家，对装裱工匠的要求都是必须具备深厚功力的高超妙手：要有那种一箭射出去就能贯穿虱子的好眼力；要有聪明灵敏、清静温和的气质；工作起来要心细如发。由此可以看出，旧时人们对书画装裱的要求之高。

在装裱匠那里，装裱需要十分复杂的工具和材料，光是工序就需要进行 40 多道，还要配齐很多设备，其工艺过程更是细致而烦冗。

一般而言，首先要将材料进行托染，包括将绫绢正面铺平，用排笔蘸清水刷透，再用干净的毛巾吸干水分，然后涂糨糊。装裱质量和糨糊有很大关系，制作糨糊时的火候、面粉的稀厚、存放时间的长短、洗面筋等都会影响糨糊的质量。因此和好的面团需要醒两三个小时以上，在清水中要轻轻揉搓，淀粉不用洗得太干净。没有面筋的糨糊，装裱出的作品就不会出皱褶。

涂好糨糊以后，用纸对齐绫绢边展正刷实，上墙晾干，然后托镶料纸、裱褙纸三层，并着染材料备用。托画心，覆背上墙的时候不能绷得太紧，四边要紧贴墙板，中间空，手一按上下左右动弹，这样才会在阴干后收缩得平展、紧绷。

而装裱匠开的店铺，地点不一定很临街，但装修布置都很高雅，充分展示文人雅士的品位。由于该项技术需要学习的东西很多，据说以前学装裱，三年才出徒，而学习十几年也是常有的事。如果一上手就能成功，那装裱就算不得是一门学问了。

装裱匠的阅历和技艺往往随着年龄的增长而不断增加，到了晚年，他们的技艺已经到了炉火纯青的地步，在装裱书画的同时，往往还能从事书画方面的真伪鉴定，他们已经由装裱匠而成为了艺术家。其装裱、鉴定收费都比较高，客户多是达官显贵，就不是一般老百姓能够消费得起的了。

社会在前进，科学在发展，书画装裱也开始利用机器进行。装裱机器的出现，给大大小小的书画展览提供了方便。在没有机器的年代里，大型书画展览需要筹备很长时间，有的甚至需要一年半载的。但相较而言，还是手工装裱质量好，可以防潮、防蛀、防变型，耐久存放。但凡名贵书画，有收藏价值、纪念意义重大的，人们一般还是要找装裱匠进行人工装裱。

60. 江湖郎中

现在，在一些影视剧里面，人们还能看到江湖郎中的形象。他们背着藤箱，夹着把油纸伞，手摇一个铜铃铛，更有夸张一点的，手里还打着一面旗幡，上面写着“妙手回春”四个大字。他们一边摇着铃铛，一边在悠长的石板巷道里笃笃而行，仿佛真是妙手回春的高人来到了人间。

实际上在旧时，不管是在城市的大街小巷还是在农村的羊肠小道，都偶尔会看到一两个江湖郎中。而这些江湖郎中却是因为处境不妙，才会游走江湖，过着这种漂泊流浪的生活，其实并没有那种高人的范儿。有的郎中境况不佳，甚至连招揽生意的铜铃铛都没有，只好用拨浪鼓充数。

过去，人们往往把江湖郎中和卖狗皮膏药的联系在一些，而卖狗皮膏药往往又和江湖骗子一脉相承。人们虽不至于把江湖郎中全都看成骗子，但也多数认为那只不过是一个什么病都知道一点，可什么病也都看不好的游医。

江湖郎中往往打着有什么什么秘方的幌子，最常见的就是祖传秘方，最吸引人的要数宫廷秘方，吹嘘什么病

都能治，并且专治疑难杂症，比如癌症之类。只要病人不是眼看就要断气的，那就可以放手一搏。其实，谁知道他祖上是干什么的？说不定连他自己也不知道。宫廷秘方更不用说了，长寿之人好像都不出在宫里。

大多数江湖郎中什么病都能看，大到癌症，小到伤风感冒，无所不会，无所不能。你只要报得出病名，他就能说得出个子丑寅卯，让你佩服得五体投地。所以，一些上当的病人，被他们骗了以后还在一个劲儿地给他们做广告，说好话。其实他们都只是粗略地懂一些医药方面的知识，虽有一些真能治病的，但往往是精通一门，而并不是他们所说的什么病都能看。

江湖郎中一般只会开药方，收号诊费，但也有卖药的，多是便于携带的膏、丸、散等，都说是绝学炮制，有起死回生之功，售价自然不菲。有的江湖郎中就只靠一张膏药走天下，专治各种疼痛。有人来光顾时，他就拿出一个小瓶子，倒一些红色的粉末在盆子里，然后用筷子蘸一点药膏，将它均匀涂抹在一张小方纸上，一张膏药就做成了。是否有效人们不知，但那些已经遍求良医而一无所获的病人，却往往把他们当做救命稻草，砸锅卖铁也在所不惜。

这些在外漂泊的江湖郎中有的是在当地出了医疗、人命官司，为躲避责任而远走他乡。因此，每当他走完一个地方，看生意差不多了，就要选择另外一个陌生的地方，以免跟过去的顾主狭路相逢。因为有着丰富的社会阅历，他们对钱财十分小心，随时转移，身上仅剩几个小钱，以免被老主顾捉住或者被抢劫而丢失钱财。

如今，随着医疗科技的发达，人们看病越来越方便。在繁华的都市再也寻觅不到这些江湖郎中的身影，或许在一些比较偏远的乡村集镇，还能听到他们的铜铃声响吧。

61. 守墓人

也许是因为文学作品的渲染，在人们脑海中，守墓人多被披上了一层神秘而又恐怖的面纱，而事实上，他们并没有那么“另类”。

在几千年的中国传统文化中，受忠孝信义等思想的影响，人们对坟墓都是空前敬重的，不仅是皇家对于祖先陵寝格外重视，就是在民间，人们也会倍加珍惜祖先坟墓上的一草一木，一砖一瓦。

为了便于祭奠和管理祖先坟墓，大户人家往往都会请上一些守墓人来专职守墓。他们多是与该家族血缘关系较远的孤寡老者，不能干重体力活，又没有别的营生，于是就当起了守墓人。不是生活所迫，他们一般是不会做此营生的。当然，也有些人是自愿守墓的，这种守墓人多出现在古代，那就是一个先生或官员死了，极为敬重他的学生或下属为了继续陪伴在他的左右，心甘情愿为他当起了守墓人，这样守墓的还有世代传承的。

守墓人多黑衣黑裤，沉默而瘦削，也许是由于常年与墓地打交道，在平时生活中，他们也

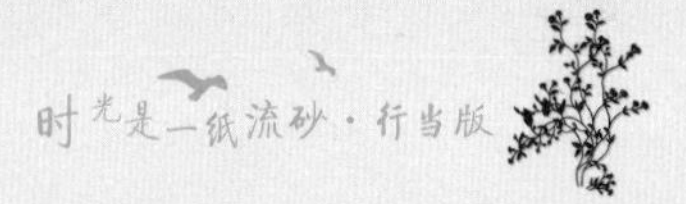

给人一种阴森森、难以亲近的感觉。

守墓人的收入，多由墓主家族提供，工钱很少，往往只够日常生活开支。他们的工作主要有两点：一是打扫墓园，清理杂草，种植花木；二是守夜，以防有盗墓贼来光顾。

守墓人一般都是有神论者，对于坟墓周围发生的一切，比如花草枯萎、墓碑垮塌、蚂蚁搬家等，他都会迅速报告墓主家族，并给出建议，让他们妥善处理。

守墓人都有很多故事，如果他愿意开口，也许现在文学作品中的守墓人也会更真实些，不至于被渲染得过于神秘吧。

时光斗转星移，现在墓园也多被纳入了政府的土地管理范畴，守墓人也就没有了存在的意义，他们连同那些老式的坟墓一起，一并消失在历史的烟尘里了。

62. 造土纸师

造纸术是我国古代四大发明之一，早在公元前2世纪，我国劳动人民就已经发明了造土纸的技术。土纸，不同于一般的书写用纸，它又称草纸、火纸、纸媒等，主要作卫生纸和加工冥襁、爆竹以及建筑用灰筋等。

土纸的生产，需要具备一定的条件，但其和东汉蔡伦发明的造纸工艺并没有多大差别，只是加入了更多化学原料，纸张也变得更白、更薄了。我国四川、浙江等地出产的土纸都比较有名。

土纸不是人人都能造的，必须要土纸师精工细作出来。它的工序主要有拍竹、腌竹、晒竹、舂竹、拌浆、帘纸、榨纸、松纸、晒纸等九道，而且极为冗长烦琐。

把砍回来的竹子截成80厘米左右的长段，每次抓三五支竹段放于石板或石砧上，用铁锤把竹节竹身砸烂砸碎，然后集拢，一小把一小把捆绑。接着要在河岸边挖好浸池，把小竹子分层放进去，叠好一层撒一层生石灰，层层如此，最后一层上面用大

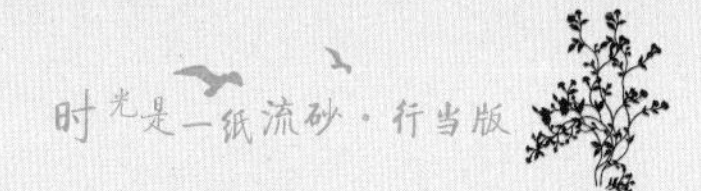

石块压实，如此放置四五个月。之后取出放在太阳下曝晒半个月左右，再放进清水池里泡一个月，再取出晒干。晒干的竹把要放进造土纸的水车反复舂碎，使其松软如棉。

舂好的原料放在纸浆槽中，配适量的水，用竹竿多次搅拌，使其成为糊状纸浆。再用一件由极细竹丝编成的工具“纸帘”，放在纸浆池里抄起纸浆膜，放到案板上成为纸坯。这道工序技术含量很高，通常需要技术熟练的土纸师操作。再就是在纸坯叠到一定高度后，用压榨机压掉纸坯水分，让其自然晾干。最后是将纸坯分页、晾晒、收拢，一卷土纸就制成了。

造土纸，繁复难学，且收入微薄，现在已经有很多人不愿再学这门手艺了。土纸除了在书画店还有一定市场外，几乎已经完全退出了江湖，让位于新工艺的纸制品了。

63. 媒婆

提起媒婆，相信大家并不陌生，现在大家都称她们为媒人。在中国漫长的婚姻史上，媒婆始终扮演着举足轻重的角色。在过去，特别是在讲究“父母之命，媒妁之言”的年代，男女之间的婚姻都是靠媒婆撮合而成的，可以说媒婆就是过去合法婚姻的见证人。

那时，自由恋爱还是很新鲜时尚的，就算是自己恋爱的，碍于传统的风俗习惯，还是要找一个形式上的媒婆，一来可以证明自己是明媒正娶，不至于落下伤风败俗的恶名；二来为了在商量结婚的礼仪、条件方面有一个中间人，避免男女两家面对面地冲突。

媒婆这一行中，从业者多为中年妇女。俗话说：“十个媒人九个说。”她们大多巧舌如簧，能言善辩，扬长避短，那薄薄的嘴巴里似乎都能吐出莲花。那时，媒婆算是三百六十行中很重要的一行。在很多婚礼上，媒婆不仅要接受新婚夫妇的礼拜，还要被奉为座上宾好酒好菜来招待，直到新婚夫妇生儿育女后，还多攀认干亲，这都足以说明当时媒人的地位和身份。

媒婆有事没事总喜欢游走在村庄的大街小巷，游逛的路径基本定位在一些子女到了谈婚论嫁的家庭。她们多是自来熟，碰到谁都能说上半天，在闲谈之中，她便能打听到自己想要的东西。因此，在媒婆心里总有一本无形的档案，远村近邻，十里八乡，哪个村落，哪户人家，多大年龄，家有几口人，为人如何，谁家闺女没出嫁，谁家儿子没有娶，都在她心里装着。

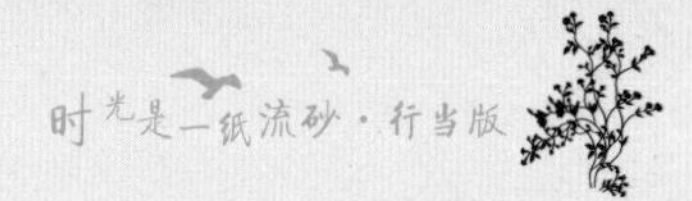

最最让媒婆费神的还是谁和谁相配，俗话说龙配龙，凤配凤，她必须拿捏得准，条件相差太悬殊的，媒婆基本不会动这样的脑筋。一旦双方愿意见面，媒婆就安排时间，见面的地点大多由女方定。如果双方都很中意，下面的议程会由男女两人商定，确定了婚姻，媒婆的礼金也就到手了。

当然，做媒婆也是有风险的。很多人婚后，难免会发生摩擦，有的人一遇到焦头烂额的家庭琐事，无一例外地会骂媒婆，似乎一切都是媒婆惹的祸，有的甚至还会找媒婆理论，她也不能撒手不管，只好在其中不停地斡旋。这样看来，媒婆这碗饭也不是那么好吃的。

时至今日，说媒的现象依然存在，但说媒的人大都没有物质利益方面的企图，主要是表达亲戚、朋友、乡亲之间的关怀和善意。相亲的方式也简单明了，告诉双方的手机号码，往后的路怎么走，就靠他们自己了。

64. 油印工

油印是一种很简易的用蜡纸印刷的方法，在20个世纪八九十年代，许多单位、学校等都还在普遍使用手摊、手摇油印机进行印刷。那时，油印是一种涉及面甚广的传播手段，正因如此，购买油印设备，都还要单位出示证明。

油印是国外发明的，传到中国后，由于它便于操作和携带，成本也低，受到很多使用者的欢迎，并迅速地普及开来。

而油印所需的工具和材料也十分简单，主要有誊写钢版、钢头誊写笔、蜡纸、油墨、白纸等。油印的工序则一般都是由油印工来完成的。

油印工进行油印的第一道工序是刻蜡板，也称为刻钢板，在蜡纸下，垫一块平整的钢板，用钢头誊写笔在上面书写，笔画把纸上的蜡层划掉，使字迹显示出来，而未经刻画的部分，仍不透油墨。

刻好以后，用夹子将蜡纸上头固定，然后一手执蜡纸下头，将一张白纸放在蜡纸下，另一手拿一把平头毛刷，沾一些油墨，在蜡纸上，由上至下，由左至右，均

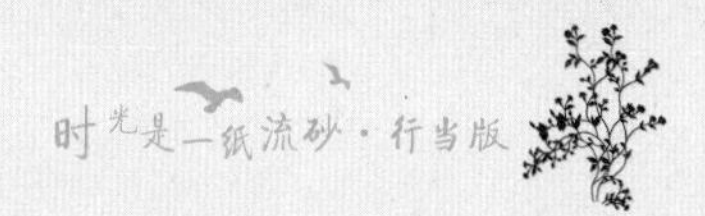

匀地刷一遍，一张油印品就算完成。如此重复多次，就可印出多张油印品。

讲究一些的单位用的是滚筒油印机，油印工将油墨均匀涂刷在油印机滚筒上，然后卷上刻写过的蜡纸，在滚筒下安放一叠纸张，手摇滚筒印刷机的摇把，每转一圈，可印出一张油印页。

当时技术好的油印工，刻板、印刷都可以独立操作完成。工整的仿宋体，合理美观的版式，漂亮的题花，都靠油印工的匠心独运。更神奇的是，熟练的油印工，即使印完数千份制品，手上都没有一星半点的油墨。他使用的工具，都是干干净净的。

但是这种印刷对于一般人来说，速度很慢，工作起来量很大，印刷千把份材料，油印出的字迹还比较清晰，但印的份数更多以后，效果就会变差。这需要再刻一份蜡纸，重新印刷。如果中途蜡纸烂了，就要另刻一张了。有的油印工由于经验不足，往往印完东西以后，自己也会弄得满手、满脸都黑乎乎的。再加上油印的东西字迹干得很慢，如果急需要这些东西，就可能迟迟不能下发，影响工作的进展。

随着社会的发展，科技的日新月异，印刷领域也在不断改进和创新，后来，人们在手摇油印机的后面加了一个电机，就成了半自动油印机了。如今，电脑打印的出现更是方便了人们的学习和工作，传统的油印机已经进入了历史博物馆，油印工这门职业也逐渐被人们遗忘了。

65. 流动烟贩

在革命时代的电影电视中，经常能看到流动烟贩的影子，他们拿个木箱，上面摆满了各式香烟，站在街头高喊：“买香烟了，买香烟了。”而这类人往往又被塑造成地下党人，他们装成流动烟贩是为了接头方便。实际上，在以前人们的日常生活中，确实是有流动烟贩的，但他们却并非是为了给地下活动接头，而是生活所迫，即便是有地下党人如此做，也是偶有为之。

流动烟贩通常的装扮是胸前挂一个大大的木匣，里面摆着各种卷烟和火柴，以及洋油打火机等物。他们通常在酒肆茶馆等处兜售，因这些地方人流量大，有不少抽烟的“烟枪”，他们一天往往能卖上几十包烟，补贴家用还是可以的。

流动烟贩最怕的是有人赊账，有时遇上一些地痞流氓，自己惹不起，但又不敢得罪，只好一边拿出香烟，一边讨饶，

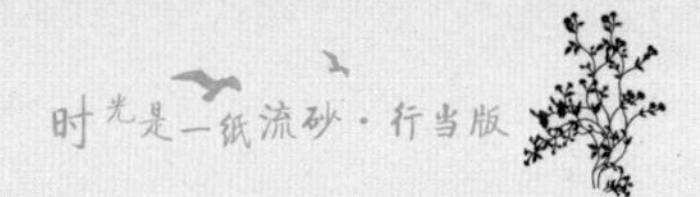

希望他们别使劲勒索。有时一番乖面子话说得地痞流氓们开心了，也就放过他们了。但人们总会对他们投去鄙夷的目光，认为他们太过精打细算，其实这也是他们自保的一种手段，如果生意砸了，他们也就无法维生了。

到了买卷烟都要用烟票的时代，流动烟贩竟也能找到货源，只是他们售卖的香烟一般档次都低，购买者也是没几个钱的穷烟鬼，这也使得他们的收入极为微薄。

到了 20 世纪 80 年代左右，流动烟贩基本上也不再流动了，卖香烟的也都有了专门的门脸，而且人们也害怕遇到居心不良的流动烟贩，买到假烟，这样，流动烟贩也就基本绝迹了。

66. 吹鼓手

过去，农村人家操办红白喜事，尤其是有势力的人家，少不了要请吹鼓手上门，图的是一个热闹，讲的是一个排场。吹鼓手多指的是吹唢呐（也就是人们通常所说的喇叭）的艺人，他们吹出的那一支支流传久远、脍炙人口的优美曲调，甚至替宾主和新郎新娘道出了心里的话，真是妙不可言。

吹鼓手口中唢呐吹奏的音韵高亢嘹亮，节奏欢快，善于表现热烈奔放的场面和大喜大悲的情绪。唢呐演奏时多与锣鼓乐队交叉演奏，吹一曲，打一遍，吹打默契响应，唇齿契合，浑然一体。

唢呐的调子丰富多彩，吹鼓手可以根据不同的场合气氛吹奏不同的曲牌。吹奏中的指法、换气与调式，都有严格区分，能充分表达人们的情感和愿望。

在婚庆办喜事的时候,吹鼓手可以随着婚庆程序的进行而曲调各异，比如坐席、出菜、敬酒、迎娶、拜堂、送客等，曲调都是不同的。但一般都是热烈欢快，情趣优雅，把主人对宾客的真诚接待和谢意表达得尽善尽美。

吹鼓手一般都在主人家临时搭建的棚子里吹奏，他们吹奏的声音十分响亮，好似要让十里八乡都能听见这家办喜事一样。

而到了办丧事的场合，吹鼓手的曲调就完全变了。这时候，他们奏的是低沉音、慢节奏。回荡在孤山旷野的凄惨哀音，加上孝子贤孙们撕心裂肺的哭声，一下就能把人推入悲伤凄凉的氛围。随着如泣如诉的唢

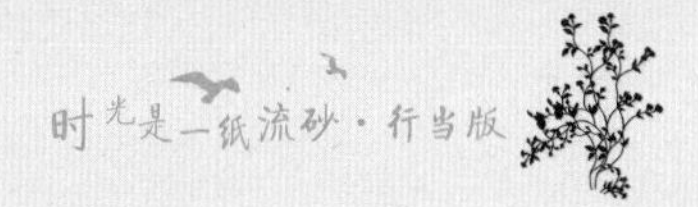

呐声，哭声便由小到大，不一会儿便淹没了唢呐声。

现如今，在农村的某些地方，人们操办红白喜事，特别是办丧事的时候，还保留了请吹鼓手的习惯，只是他们吹奏的曲调早已不是先前的那个味儿了，来来回回就那几首，伴奏一整天，重复率比较高，就像一盘磁带在反复播放一样。主人被吵得不耐烦了，说能不能换一个，吹鼓手立即从命，就开始吹一些软绵绵的流行歌曲，听起来更加刺耳。

而在许多大城市里则基本见不到传统的吹鼓手的身影，但一些比较有头脑的人，却将这些鼓手乐手重新包装。因此，在一些公司开张、商场庆典的仪式上，也会看到吹鼓手到场吹吹打打的身影。

67. 制绳匠

用麻、棕搓绳，古已有之，人们搓出绳后，可以之结网抓鱼捕兽，来获得食物。后来，在生产中，也用绳索来制缆系舟，固定重物。也因此，绳是人们生产生活中不可或缺的物件。

在南方，麻、棕、竹遍地都是，特别是竹子，成活率很高，产量也大，正是制绳的好材料。这样，制绳就成为一门独特的手艺，制绳匠也便从中发展起来。

制绳匠的铺子一般都是连家铺，前面是店后面是作坊外带一家人居住，一般院子都很大，为了制绳匠制绳时摇绳方便。摇绳时要借助摇绳架，这些机器一般带有五个或七个齿钩。一头固定在墙或树上，另一头在十多米之外。细长的麻绳分别穿在这几个齿钩上，把细绳从一头引回，成双股挂在摇架上。摇绳时，制绳匠手把摇把，一柄摇把连动着这几个齿钩，摇一下，这几个齿钩一起转动，为麻绳加捻，越捻越紧，最终结成粗粗的大绳。大绳每增加一尺，绳匠就得摇动数千次。所以一天

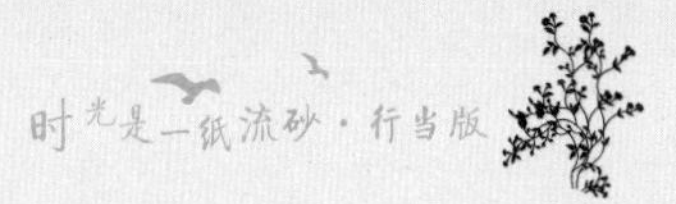

工作下来，制绳匠们往往累得筋骨疼痛。

再有就是制作篾绳，绳匠翻花般地将篾条分成长短均匀的细条后，将其放在一口特制的铁皮锅里用药水煮过，再三股合成，也有三股以上合成的，绳匠便如此搓成绳子。一般股数越多，绳子就会越坚韧，最多的有九股的，绳子直径达到一寸多。能搓这样绳子的绳匠腕力都大得惊人，在与人掰手腕的比赛中，他们也往往都是赢家。

对于绳匠搓出的绳，人们往往从三个方面来评价其手艺的高低：一是要硬，就是说制绳匠做出的新绳子要像棍子一样硬直；二是要紧，绳辫之间合缝要紧，看不到空隙；三是要重，制绳匠做出的绳子是要讲求达到一定重量的，不同类型的绳子规定有不同的重量，只有达到规定的重量，才有质量。符合了这三点，制绳匠制作的绳索才符合标准。有的制绳匠做的绳子在水里浸泡几年，不但不会腐烂，颜色还更加鲜亮，更有韧劲，使用起来跟新的一样。

68. 房子匠

在砖瓦房还没盛行的时候，我国广大农村村民居住的都是泥草房，而造这样的泥草房对村人来说也是一项大工程，是需要专门请房子匠来完成的。那时候，一个村基本上都有三五个房子匠，如果有人要起草房，上门延请后，他们就会爽快地叫上同伴，来给主人家盖房子了。

房子匠要负责的都是一个草房的全部工程。先是打地基，草房不需要打多深的地基，一般都是圈好地后，抬来四五十厘米高的石料，平整地围上一层就可以了。这些石料都需要打磨整齐，不能有的高，有的矮，而这部分工作一般都是房主交待石匠事先完成了的。

地基垒好以后，就是砌土墙了。房子匠总会有一个大大的木板箱的工具，将这个工具架在地基上，再从别的地方挖来稀泥，一股脑儿地倾注到木板箱里，房子匠则站在木板箱上沿，整齐划一地喊着号子，用大锤等工具将箱里的稀泥压实，压紧。这一部分做完后，再垒第二

层，每垒一层都要用铅坠确定墙面是否平整垂直，必须要完全垂直后才能继续动工，不然造出的墙面就会有歪斜。

墙面两侧上部一般要垒成一个三角形，以放房梁用，这时候就会在木板箱里加放工具，使墙面成为一个完美等高的三角形。

墙面垒好后，就是房顶的工作了。房子匠们搭好脚手架，抬来一根长长的木头放于房顶，这就是房梁了，房梁一般用结实耐用的木料制成，有了房梁土墙，再在房顶依次铺上一些竹架子，将扎好的麦秆束一层层地垒加上去，每垒加一次，都得用木板扎紧扎平，以免房子漏雨，所有这些工序做完后，一座草房就盖好了。

房子匠的收入一般都是按天数和工程进度结算的，那时他们每天都有三五十元的收入，在那个年代，这算是一笔不菲的进账了，豪爽的房主还会给他们买来香烟或管上一顿饭，好酒好肉地招待着。

后来，草房逐渐被砖瓦房、楼房所代替，人们也不再专门盖草房了，房子匠也就慢慢地转行做起了别的营生。

69. 烧盐匠

在我国沿海一带，人们生产海盐，只需要利用阳光的暴晒、蒸发就可以。而在内地一些地方，像江西、湖北、湖南、云南、四川等地，拥有丰富的盐井，井中卤水的含盐度可达10%，远远高于海水的盐浓度，因此人们食用的盐大部分都是从这些井里的卤水中提取出来的井盐，而要得到井盐，就离不开烧盐匠的功劳。

当人们从盐井中将卤水提出来以后，烧盐匠就可以开始烧盐了。烧盐的灶房里会事先安放好几口直径为一丈左右的大圆锅或烂钢锅。前面的是主锅，后面的是温锅。

刚开始要先点火烘炉堂和锅灶，烘干后就从站立式的高桶底部抽去垫底的木塞，然后将楠竹劈开半边，用竹筒把黑卤水传送到各个盐锅里，装满为止。

然后，有的烧盐匠便往炉膛里铲煤，直到把锅里的盐水烧开。有的便用铲子捞杂质，将卤水提清化净。等到盐水烧得结晶后，再将还有余热的卤水用木瓢往前翻到锅里，这样不断翻

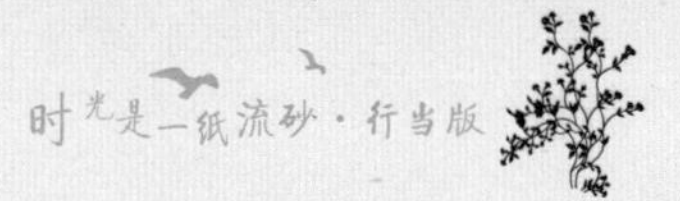

放卤水，不断烧煤，不断勾炉清渣，卤水在锅里面也就不断结晶。

直到烧了两天左右，盐达到标准厚度，就可以停火了。冷却到一定时候，烧盐匠便用铁锤将锅围和锅敲散，这样，盐就随着盐锅的裂开而变成块状，再由挑盐匠从盐灶中挑出。然后再置新锅。

其实烧盐的锅一般都是用烂了的铁锅，这样砸碎以后成本会少一些。但是有些条件好的盐商还是偶尔会用好的铁锅来烧盐，这样出盐快，盐的口感也不一样，不过成本较高。按照每两天砸烂几个锅这么算，一年得需要多少锅呀？因此，也没多少盐商愿意全部用新锅。烧盐的时候，屋内温度特别高，可以达到40℃～50℃，再加上卤气腐蚀性太重，气味也难闻，衣服很快就会被朽坏，所以烧盐匠工作的时候一般都赤裸着，只腰上围条毛巾，又吸汗，又遮羞。烧盐属于“高温作业”，也是“高危作业”，在四川自贡，就曾有烧盐匠掉进盐锅，当时捞起来就只剩下了一把白骨。

随着现代制盐技术的不断发展，特别是从国外引进了真空制盐技术，老式的制盐法已逐渐被社会淘汰。烧盐匠也开始改行做别的工作，有一些还成了真空制盐生产的操作工。

70. 石印工

石印工，顾名思义是做石印的工人。石印在中国历史悠久，创造了十分灿烂的文化，流传下来的还有很多秘不示人的瑰宝，如敦煌的石印经书等，使人们在感叹文明的源远流长时，也会对这种印刷技术产生浓厚的兴趣。

石印，通俗地说，就是凹印，根据石材吸墨及油水不相容的原理创制。石印工工作前，要先请刻工把要印刷的文字和画稿雕刻上去，然后再进行打磨修饰，完成后就可以上印色了。

石印工把纸覆盖在印版上，再用一把很大的刷子在纸张背面均匀地来回刷几次，以求墨色与纸张尽量濡湿，并充分吸收，再把纸揭开，这样纸的正面就印上了石板上的文字和画稿了，也算是印完了一张。

这是简单的，复杂一点的还能印彩色制品，这就需要套色印刷了。套色时，石印工必须掌握好各个色之间配对的准确性，不能有丝毫误差。在第一道色印完、干透以后，第二次印刷时就必须要找到第一次印刷时留在纸上的暗记，然后才能试印，不然就可能色调重合，或者位置不对，让印刷品报废。后面的印刷程序依上述工艺次第进行。

熟练的石印工，往往很少出差错，长期的石印生涯让他们有着一双火眼金睛，以至于他们一眼就能看出该印哪儿，纸张是否干透，会不会打花等，神乎其神。他们印出的年画、对联，品相好，颜色鲜亮，很受人民群众的欢迎。

但是，随着更多印刷技术的涌现，传统的石印工艺正在走向没落，只在一些寺庙、道观里还能见到它在为宗教活动运转不息了。

71. 篆刻印章

篆刻是镌刻印章的通称，由于印章多用篆书，先书后刻，形成一门书法和雕刻相结合的独特的工艺美术，因此又被称为篆刻艺术。

我国镌刻文字有悠久历史。远古时，我们的祖先就已用利器在龟甲兽骨上刻画文字，在陶器、青铜器上刻铸铭文。这可以说是刻印技艺的开端。

春秋战国时期，出现了印章，篆刻艺术也就随之兴起。新中国成立后，印章得到了更广泛的应用，老百姓取工资、取汇款、办理证件都需要用到私人印章，也因此，街头出现了很多印章店和刻章的师傅。

一般的印章显不出刻章师傅的手艺，而如果看闲章，就能看出名堂了。闲章是文人雅士的喜好，多用在书法、画卷的空白处，或用作藏书。刻闲章时，刻章师傅都会选用田黄石、鸡血石、象牙等好材料，石材、玉石无须磨出整齐的方形，他们一般就在那种凹凸的造型上进行构思，最后将文字的布局和石头的造型打磨得浑然一体，刻章师傅的刀工和匠心，都在这一块小小的印章上得到

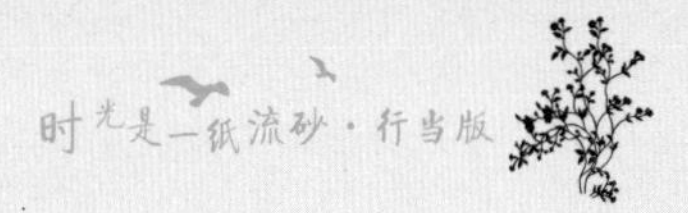

了很好的展示。

一枚这样的闲章，经过刻章师傅的精雕细琢，就成为了一件不可复制的艺术品，主人往往视若珍藏，是不轻易拿出来示人的。

现在，篆刻已成了一门独具魅力的艺术，很多城市也都有篆刻协会。但这也让篆刻形成了两极分化，大街上的篆刻店忙着挣钱，所刻章子只为办事而用，真正的篆刻家却忙着雕刻精品，为艺术市场增姿添彩。

72. 卖豆花

在20世纪后期的城市中，经常能看见一些挑担卖豆花的人，嫩嫩的一碗豆花，曾是多少人美好的儿时记忆。

挑担卖豆花的多是一些中老年人，他们一边挑着担子，一边吆喝：“卖豆花嘞，卖豆花嘞。”那一声声吆喝穿过大小胡同，别样地撩拨着人们的味蕾，爱好吃豆花的人立即蜂拥而至。

他们挑的担子是两个大大的木桶，前端的木桶里放着已打开的瓶瓶罐罐的作料：干丝、榨菜粒、葱、麻油、辣油、酱油、香菜、胡椒、花生粉，以及一叠空碗，一些小匙。后端的木桶里则是满满的白如凝脂的嫩豆花。

如果有人买，他们就会取出小碗，盛上豆花，加上作料，轻轻地递到你的手中。白嫩的豆花上面是一层棕红的糖浆，跟焦糖布丁一样，光是想想就胃里嘴里舒坦。当然也可以选咸豆花，把红糖浆换成油条段、小葱、几滴麻油和一点盐。看着你吃得酣畅，卖豆花

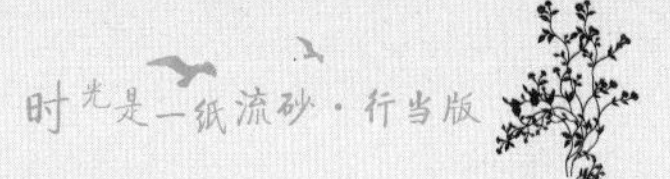

的也会喜笑颜开。

那时，卖豆花的早餐店并不多，所以这种流动卖豆花的商贩很受欢迎，有时一个上午不到，他们的一大桶豆花就会卖得精光。而现在，很多超市或菜场都有卖豆花的了，挑担卖豆花的也就少有见到了。只是现在这种固定卖豆花的场所卖的，更多的是加了白糖而非红糖，因为不是现做的，糖浆浓度都把豆花中的水给逼了出来，脱了水的豆花就像二八姑娘变成八十老太，不像以前那样让人胃口大开了。

73. 看风水

“看风水”是我国古代社会中流行颇广的一种迷信行为，又称“相地术”或“地理之学”，旧时社会中专营此道的职业者称“风水先生”。看风水的基本内容是：在选择宅基和坟地时，必须注意该地的风向山水，合者得福禄，不合者遭祸殃。

风水先生既看住宅，也看墓地，他们的行头少不得罗盘，在古代风水行业，罗盘也是上师传承法物之一。师父传法与弟子衣钵，就证明把毕生的心血及期望满盘托付给了弟子。

风水先生认为罗盘是寻龙点穴、立向布局的重要工具。它由海底、内盘、外盘三大部件构成。海底就是指南针，内盘是紧邻指南针外面的一个可以转动的圆盘。内盘面上印有许多同心的圆圈，一个圈就叫一层。各层划分为不同的等份，有的层格子多，有的层格子少。每个格子上印有不同的字符。

而风水先生看地时门道也非常多，有着各种各样的讲究，但核心还是望气。有很多风水大师说“气场好”或“气场不好”，凭的就是望气。

我国先贤们普遍认为，气无处不在，构成万物，气还不断地运动变化。正因为气的无穷变化，所以气动则变化为风，上升则化作云，下降则化作雨。运行于地中的就是“生气”，承生气而万物化生。

要得生气，就得请风水师推算“理气”，“理气”十分复杂，要结合阴阳五行，实地考察，才能得到“生气”，有了“生气”才能富贵吉祥。

以前，人们看地相宅都要请风水先生，找来后要好酒好肉地招待着，

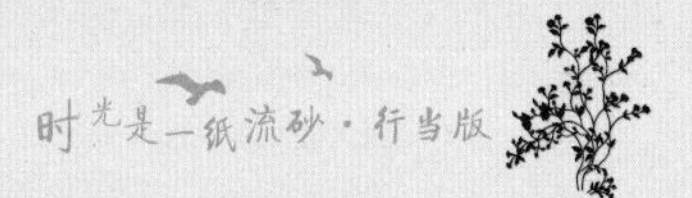

酬劳也很丰厚，生怕风水先生使了坏，也因此，风水先生的队伍里良莠不齐，吃喝骗钱的也非常多。现在，由于科学技术的提高，人们已经不太注重看风水了，但在一些乡村，看风水仍很盛行。

74. 采耳师

采耳师是指使用专门的工具帮人清洁耳朵的人。因为人的外耳皮肤很薄，与软骨膜的连接较为紧密，皮下组织少，血液循环差，耵聍，也就是俗称的耳屎，如果过多就会堵塞刺激外耳道，使耳朵发痒，有了“去痒”的需求，也就衍生出了采耳师这门职业。

以前，采耳一般都附从于理发、洗浴等休闲场所，后来随着人们生活水平的提高，采耳又演变成一种独立的职业。

采耳师主要在茶馆、公园里来回巡视，手里拿着一大把工具，时不时地盯着过往行人的耳朵看，如果不是耳勺等工具出卖了他们，他们都可以被人误认为是间谍了。

采耳师总有一般人做不到的手艺，就是在医院里也拔不出的耳垢，到了他们那里，三下五除二就给你清干净了，而且顾客一点也不会感觉到不舒服。正因为此，有些人采耳竟然上了瘾，一见采耳师的身影，耳朵立马就痒起来了。

现在，一些美容院也有了掏耳技师，但那多为女性服务。男性是不大进美容院的，故而这个空间还一直被流动采耳师牢牢占领着。现在有的专家认为，耳朵发痒不能随便掏，即便是采耳师，也未必对耳朵结构有深入的了解，如果清理失误，难免会让外耳感染，因此建议人们耳朵发痒要到医院请专业的医生掏。但说是这么说，事实上又会有谁专门为了掏耳去趟医院呢，真要掏时，可能还是会想起采耳师来的。

75. 开武馆

在反映近代历史的影视剧中，我们能看到很多开武馆的场景，那里边的人似乎个个膀大腰圆，一身横肉，没说两句就会和人打架，这也让我们对旧时武馆有了种不好的印象。

实际上，以前开武馆是很有讲究的。首先馆主必然是练家子，而且必得要讲究武德。他们开武馆的目的一般有两个：一是收徒授艺，维持营生或发展武功；二是就地取材，开展押运保镖的业务。

武馆收徒，也不是见人就收，他们也会考察报名者的根骨、面相、品德等，觉得有基础的才会留下，留下的人往往心里都美滋滋的，毕恭毕敬交上学费，等待学习功夫。那时的徒弟除了研习武艺以外，还要帮师傅做各种家务，相当于是一个免费的佣人。

至于师傅的武功如何，徒弟则是绝对不敢问的，师傅能教你一些如何做人的道理就不错了。也因此，有的学徒学了几年，什么功夫都没学到，外出时连街头的地痞

都解决不了。到学了五六年时，总算学了些东西，身体也结实了。如果是陪师傅走镖，碰到摩擦时，徒弟都会抢先动手，如果胜了对方，师傅就会懒洋洋地喊声："住手。"上来打个圆场，让对方赔个不是或是赔点钱财。

有的徒弟可能终其一生，也碰不到师傅出手的机会，但他们还是会对师傅恭敬如初，在他们心里，越是高深的师傅，不出手的时候才越多。师傅也怕如果出手制服不了对方，自己在徒弟面前没了面子，日后没了生源。

时代在发展，但开武馆的事却一直存在，只不过现在不再是单纯的武馆了，而是用武术学校、搏击学校、散打中心等名称命名了。

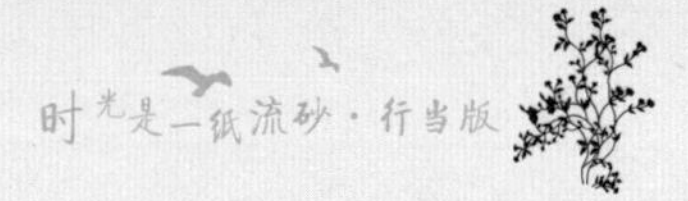

76. 铅印工

以前人们捧在手上阅读的书籍几乎都是铅印出来的，也因此，有的人读到一本好书，甚至会将头埋向书中，去闻闻那淡淡的书香。其实，书本不香，这能飘出来的味儿，就是铅印的油墨味道。

印刷术是我国的四大发明之一，北宋仁宗时毕昇发明的“活字印刷术”开创了印刷的天下，但那时主要是木活字，后来又有了铜活字，接着又是铅活字。现在称的铅字，实际上是铅活字，造价低廉，磨损很小。

以前的印刷厂，基本都是铅印厂，铅印工包揽着铅印的全部流程。厂里都有专门存放铅字的架子，所用汉字都依汉字部首的顺序排列得密密麻麻。需要印刷时，铅印工先要拣字，他们常常要在字架中来回奔忙，排一本书，他们走路的距离甚至能达到惊人的一百多千米。“记”是一个硬功夫，不仅要记住字架上的常用字、部位字、繁体字，还要记版样上的行数、栏数。有的人记得多了，就像现在的电脑打字的盲打一样，也能只看稿子，不看字架，盲拣字。最熟练的工人拣字就像采茶，1 分钟能拣 200 多个字。

拣好字后，要根据版面的要求形成规定宽度，并且给每行字之间镶入规定行距及宽度的铅条，接着把镶好铅条的铅字文章，通过打样子形成一校样交校对，最后把铅字文章送交对应版面，加油墨印刷成书。

铅印工由于经常接触油墨，常常满手油污，非常不好洗，常常洗一次洗不干净，一般要洗几次才行，到了内急时，经常有人一副边洗手边跺脚的样子。

就是这样，铅印的书也不会完全标准，有时距离没有调整好，铅字就会在纸页上留下压痕，如果油墨过重，还会把上一页的字压到下一页上，字都粘到一块儿了，也没法阅读。

正因为有这么多缺陷，所以当电脑大举进入印刷业以后，铅字印刷也走到了时代的末期，大约在 20 世纪 90 年代时，铅印和铅印工就已经无声无息了。而关于书香的缅想，人们可能也只有到印刷博物馆去才能感受到了。

77. 奶妈

奶妈，也称保姆、乳娘、嬷嬷、阿母、奶子等，名称五花八门，因时代、地域的不同而名称各异。这一行业古已有之，在城乡都普遍存在，尤其以农村为多。以前，如果婴儿的生母家有权有势、地位显贵，请奶妈代哺是一种特权的显示。不过也有的是因为婴儿的生母体弱少乳，自己哺育有一定的困难，或者是本身被疾病所缠，甚至有生母在产期夭亡的，才雇请奶妈来帮助育养。

古时候，皇家会在皇宫外设“奶子府”，常年都会有数十名年轻妇女待选，她们多是 15 ~ 20 岁刚生育过而且奶汁充足的农村妇女。她们一旦被选进宫，哺养的乃是皇储贵胄、凤子龙孙，从此，她们也就成为了人上人。正所谓“一朝入选，终生富贵”，就是指这些人。

而以前在民间当奶妈的则多是乡间的贫家妇女，她们地位低下，无人重视，当奶妈并不在于说她们身体好、奶水太多，而的确是被生活所迫，为了换一口粮食，而放弃对自家婴儿的喂养，用自己的乳汁去哺育别人的孩子，也实属无奈。

奶妈奶孩子，一般都会带一到三四年，有的甚至时间更长。孩子从小成日待在奶妈身边，待在奶妈的奶头上，形成了孩子与奶妈之间的特殊感情。有的地方曾经出现过从来没有被亲生母亲奶过的孩子，与亲生母亲比较疏远，反而与从小奶着她但没有血缘关系的奶妈比较亲近的情况。

有些奶妈带的孩子从小与自己的亲生子女一起长大，这也使这些没

有血缘关系的孩子间有了一种胜似亲兄弟的感情，有的甚至可以维系终身。

以前有学识的有钱人家,认为人乳的营养是任何食物所无法替代的，对婴儿智力的发育也会有影响。因此，他们挑选的奶妈也有更高的要求，一律都要相貌端庄、身体健康的。

有些家庭出于安全方面的考虑，害怕奶妈吃到什么病菌，影响到乳汁的质量，就让奶妈吃住都在自己家里，开出的费用也比较高。这样一来，奶妈不但没有消瘦，反而长得白白胖胖的，有的甚至还不愿意再回去过以往的苦日子了。

78. 包皮蛋

皮蛋，也叫“松花蛋”，是很多人都十分喜爱的一种佳品。包皮蛋，则是一门小手艺，其技术性并不是很高，后来之所以发展成了一门职业，或许更多的还是因为包皮蛋的糊料的配方吧。有了这个配方，这门手艺才能一代代传承下去。

包皮蛋的一般都不开设店面，他们常在人流量相对比较多的地方支个简陋的摊。他们的工具很简单，一个小凳子，一个小背篼上放着一个小簸箕，簸箕装有一些灰，一个提桶装着灰色浓稠的东西，这是包皮蛋用的碱。

因为包皮蛋的糊料具有腐蚀性，所以包皮蛋的人都会带上一双帆布手套来保护自己的手掌。包皮蛋的时候，他们会在左手先抹上灰，拿起一个鸭蛋放在掌心，右手持一长弯刀，从桶里弄一点原料糊在鸭蛋上，然后双手握住蛋一搓一捏，让糊料均匀地把蛋裹住，最后在簸箕里滚上一点干灰，再用塑料袋装好就完事了。他们手脚麻利，动作娴熟。不一会儿的工夫，几十个蛋就包好了。皮蛋包好后，一般放十天半个月就可以吃了。

在以前，包皮蛋的手艺人很看重糊料的配方，他们认为这是自己吃饭的工具，要人人都知道了那岂不是没了生意可做。所以一旦人们好奇地询问糊料是什么做成的时候，他们总是笑笑，并不多搭话。其实现在看来，那些东西并没有多么神秘，多数都是桐子壳或胡豆杆烧成的灰，再加上一些白碱做成的。如果用柏树枝灰包的皮蛋，剥开还能看到蛋上有柏树叶的暗影，非常好看。

包皮蛋看起来简单，但其中也有一定的技巧，我就曾见过有个人学了很久也包不好，最后不得不放弃。

在四川安县秀水镇，还流传着一种包皮盐蛋的方法。把皮蛋包好后，放进浸满盐水的大泥缸里，一个来月后把蛋取出，去掉糊料，再煮熟，蛋就具备了泡盐蛋和皮蛋的两种风味。

如今，不管是在商场的货品架上还是市场小贩的摊位上，我们都能看到一个个、一盒盒包好的皮蛋，价廉物美。只是在街上已经很难寻觅到那些手工包皮蛋的人的身影了。

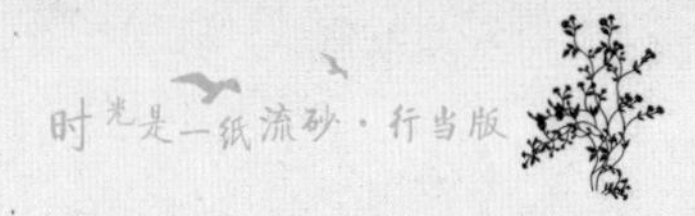

79. 烧石灰

石灰是一种建筑材料，旧时盖房子，涂抹墙壁，人们大都喜欢用本地自产的石灰，认为它黏性好，刷过的墙壁不会沾衣裤。20 世纪 70 年代初，还常常能看到烧石灰的场景。

以前烧石灰的地点大多选在傍河塘或井边，要先挖一个直径约 5 米的炉坑，中间预留炉塞，炉塞下埋好一条直径约 18 厘米的瓦筒管，通向炉外，然后铺上一层黄泥夯实，在黄泥上再铺一层厚砖，在炉外瓦筒管出口处砌上一道矮砖墙，装上用脚踩的木头风箱。一般在炉灶旁还会另外盖两间小屋，一间筛壳灰，一间当仓库。

烧石灰的原料多选用贝壳，如海滩上的牡蛎壳、沙蛤壳、白蛤壳等，还有河滩上的螺蛳壳、河蚌壳等。一些勤俭的农家便把吃下的海鲜、河鲜壳留下积存在墙脚下，等石灰匠挑着土箕来收购时卖给他们。

烧石灰的时候要选个好天气，一般是两个人搭伴进行，一个在炉底铺开半尺高的松枝或秸秆引燃，再把预先按比例混合好的煤炭、贝壳、煤渣均匀地泼洒在柴火上，这些活粗看简单，其实蛮有技术含量的，拌料要均匀，如果壳类多，烧出来的石灰会夹生；如果煤炭多，石灰容易结块。另一个人则要使劲地用脚踩着风箱助燃催火，烧的过程中两人轮流替换岗位。

烧石灰时，燃烧的炉火不能露出通火区。一般早上开始点火，一直要到晚上 10 点才能收工。踩风箱的人脚不能停，一直要到石灰壳堆冷却后才能歇工。

石灰烧好后，就要开始化石灰了。化石灰的人要全副武装，头上戴一个披肩帽子，套一副形似潜水镜的墨镜并戴上口罩，用粗布衣服将身体裹得严严实实的。他们把少数冷却的壳灰用土箕挑到小房子外间，倒在水泥地上摊开，一边摊，一边泼水，拌匀后铲成堆。接下来要做的就是筛掉粗渣细渣，剩下的就是浅白色的石灰了。

烧石灰是门苦差事，很多烧石灰的人，一炉石灰烧下来，尽管全副武装，但口鼻还是会沾满灰尘，喉咙发出嘎嘎的声音，眼睛布满红红的血丝，全身都是白乎乎的。长期从事这项工作的人，患呼吸系统疾病的也很多。

以前，烧石灰每千克售价才两三分钱，虽然知道在这污染严重的场所干活会影响身体健康，但苦于赚钱的门路少，不少人还是愿意干这项工作。

这几年，随着新型建筑材料的不断面市，石灰也不再“吃香”，而烧石灰这种传统制作工艺也在现代人的视线中逐渐消失了。

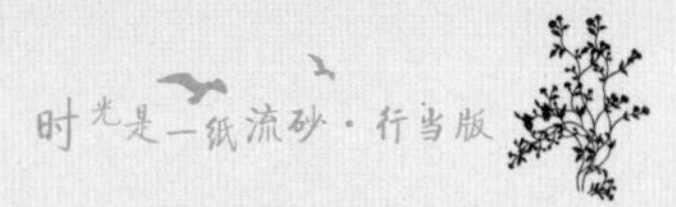

80. 放皮影戏

记得小时候，每逢过年过节，街边就会搭起几处高台子，放映露天皮影戏。那时候人们没有什么娱乐活动，一到这个时候，台下看戏的人山人海。特别是春节，虽然外面天气很冷，但依然阻挡不了大家看戏的热情。如果去晚了，挤都挤不进去，只好站后面伸着脖子看，前边的人一动弹，也得跟着移动脑袋。

对于当时的人们来说，看着那花花绿绿的影人表演，听着那表演艺人丰富的唱腔，简直是极大的享受。今天看完，明天还来，一直看到人家拆台不再演了还依依不舍。由此可见皮影戏的魅力。

皮影戏，旧时称“影子戏”或“灯影戏”，老北京人则叫它“驴皮影”，它是中国汉族民间的一门古老传统艺术。表演时，艺人们躲在白色幕布后面，一边操纵戏曲人物，一边用当地流行的曲调唱述故事，同时还要配以打击乐器和弦乐，具有浓厚的乡土气息。特别是在河南、山西、陕西的农村，这种拙朴的汉族民间艺术形式很受人们的欢迎。

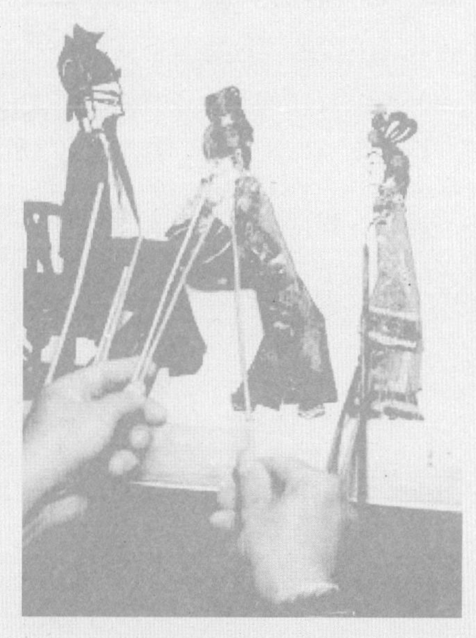

皮影本身也是一种很地道的工艺品，制作皮影的过程也很讲

究。首先，要挑选制作皮影的皮，可以用牛皮、驴皮、马皮、骡皮，选好后，将皮子泡制、刮薄、磨平。然后艺人们将各种人物的图谱描绘在上面，用各种型号的刀具进行刻凿后，再涂抹上颜色。

在雕刻皮影时，有两种刻法，阴刻和阳刻，但一般都用阳刻。在绘画染色的过程中，女性的发饰及衣饰多以花、草、云、凤等纹样为图案，男性则用龙、虎、水、云等纹样为图案。人物造型与戏剧人物一样，生、旦、净、丑角色齐全。

制作好的皮影高的可达 55 厘米，低的只有 10 厘米左右。皮影人的四肢和头部是分别雕成的，用线连缀而成，以便表演时活动自如。

演皮影戏的人，要用五根竹棍操纵这些皮影。他们的手指异常灵活，常常玩得观众眼花缭乱。不仅如此，他们的嘴上还要说、念、打、唱，脚下还要鼓动锣鼓。

演皮影的屏幕，往往是用一块 1 平方米大小的白纱布做成的。白纱布经过鱼油打磨后，变得特别透亮。演出时，皮影紧贴屏幕活动，人影和五彩缤纷的颜色看起来真切动人。

皮影道具小，因此演出方便，且不受场地限制，演员也大多没有经过正规的训练。以前常常能看到跑江湖的皮影艺人，而如今，要想再看一场皮影戏，恐怕只能去专门的剧院了。

81. 制毛笔

毛笔，是文房四宝中第一宝，是中国传统的书写和绘画工具，里面蕴藏了中国人的精神。据考古学家对出土文物的研究，我国制作毛笔的工艺最早可追溯到几千年前的新石器时代，人们从彩陶的花纹中辨别出了有笔描绘过的痕迹，这说明当时已经有了毛笔或类似毛笔的笔。

据史料记载，人们真正开始使用毛笔是在秦朝。据说我们现今使用的毛笔是秦朝的蒙恬将军首创的。当年蒙恬带领大军固守秦朝北部边疆，途经侯店村，受到打猎的启发，试着用兔子的毛制作成笔，在绢布上写下当时的战况呈给当时的秦王，由此发明了毛笔。到汉朝时，毛笔已被广泛使用了。经过几千年的发展，现在的毛笔品种大概有 200 多种。制作毛笔的工艺也变得极为复杂了。

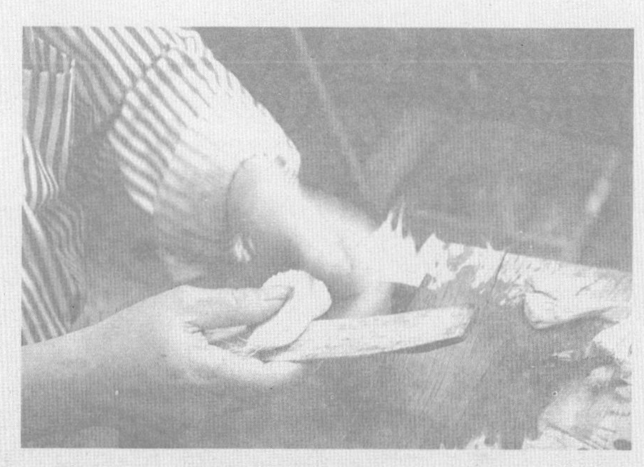

毛笔笔头的原料以羊毛、黄鼠狼尾毛、山兔毛、石獾毛、香狸毛为多，猪棕、马尾、牛尾、鸡毛、鼠须、胎发等也广为使用。毛笔杆多用竹管，如青竹（烤红）、紫竹、斑竹（湘妃竹）、罗汉竹等，也有用红木、牛角、骨料、象牙、玉石作杆的，显得华贵，更能衬托出用笔人的身份地位。

“江南石上有老兔，食竹饮泉生紫毫；宣城之人采为笔，千万毛中选一毛。”在旧时，制作毛笔工艺很讲究，程序也很复杂，要经过水盆、捉羊毛、石灰浸羊毛、羊毛梳成片、齐羊毛、切羊毛、整羊毛等一百多道工序，而且全是纯手工。所以，学制毛笔，首先要得耐得住寂寞，能坐，因为往往一坐就是一两天甚至是几天，每天下来也做不了几支笔。

制作毛笔最重要也是最辛苦的还是在水盆里做工，几十道工序都需要耐心操作，有些工序甚至要屏息凝神连续完成，否则一不小心，整好的毛又被衣襟带起，四散开来，这样就前功尽弃了。尤其是在梳理时，牛骨梳会扎到手，有时候一场活干下来，整盆水都被鲜血染红了。因为常年浸泡在水里，只要手没在水里就干燥得要命，到了冬天还会皲裂。

随着电脑的普及，人们工作学习中已经很少用到笔，更不用说毛笔，而且这门手艺制作流程繁琐、复杂，用时多，也让许多年轻人不愿去学，制毛笔的手艺就还靠一些老人在苦苦支撑着，随时都面临着失传。

82. 纤夫

“脚蹬卵石手爬沙，弯腰驼背把船拉……”这首当年流传甚广的民谣，就是纤夫们的真实写照。千百年来，成千上万的纤夫在长江、嘉陵江上搏险滩、斗急流，肩负着两岸黎民百姓生产、生活资料供给的重任。直到 20 世纪 80 年代，还偶尔能看到他们佝偻着身子，背着缰绳，迈着一瘸一拐的步伐往前奔的身影。

在嘉陵江上，纤夫最多的时候有将近四千人，他们背负着生活的希望，在历史的风雨中逆流而上。纤夫们大多从小生长在江河沿岸，对于他们而言，选择拉纤也是为了讨生活。为了一家人的温饱，他们不断地随着商贾船只南来北往，风餐露宿，居无定所，当中有很多人就这样孤独地终老一生。

拉纤，是一份很耗费体力的工作。纤夫待遇虽然勉强可以养家糊口，但要每天从早拉到晚，劳动强度特别大。在逆水中拉纤，一天至少要吃六顿饭。为了能填饱肚子，他们往往要将米换成红苕之类的粗杂粮。

纤夫一般吃住都在船上，清早上岸拉纤，饭好了就上船吃饭，晚上也睡在船上。即便是下雨后，他们也是把船板用拖把拖一下，铺下被子就睡，第二天早上一

觉醒来，掀开被盖，船板上还能看到人形印子，所以大多数拉纤的人都患有严重的风湿、关节炎。

纤夫在拉纤时为了统一步伐、激励士气、排解苦闷，还会喊一口粗犷沙哑的船工号子。这些号子大多有声无字，“嗨，嗨哟哟，嗬嗨，拖呀，拖，拖拖拖……”每当逆水行船或遇上险滩恶水时，全靠纤夫合力拉纤，号子声声，空谷回荡，别有一番情趣。

在有的地方还有专门的号工，他们自己不拉纤，职责是督促大伙使劲拉纤，相当于喊操的教官，并随时用号子与船上的舵头联系。舵头用篙调整船头，保持最佳前进方向。纤夫必须步调一致，喊号提神。遇到转弯、过坎、险滩或者河闸，大船要调转方向或者缓冲，号工喊号提醒大伙：“喂——嗨嗨！”大伙齐喊：“喂——嗨嗨！”号工喊：“喔呵——带起来吆！”纤夫一使劲，“带起来吆！”号子声起，大伙精神抖擞，心往一处想，劲往一处使。

有许多纤夫在拉纤的时候是不穿衣服的，暮春、夏季、初秋等温暖的时节多是光着身子。因为纤夫多是家境贫寒之士，如穿着衣服，汗浸盐渍加上纤索的磨损，衣服没几天就坏了。拉纤时也需要频繁下水，在时间上也容不得你老是“宽衣解带”。最重要的是防病，如果穿着衣服，一会儿岸上，一会儿水里，衣服在身上干了湿，湿了干，不仅不方便，而且容易得风湿、关节炎之类的病，所以还不如不穿衣服。

现在，由于陆上交通的日趋发达，纤夫这个行业开始逐渐淡出历史的舞台。或许在一些观光景点还能看到纤夫在一边辛苦拉纤，一边吆喝着粗犷的号子，但已经没有了过去的风采。这只是景区里吸引游客的一种手段，虽然这也是无可厚非的生存之道，但多少也让人感到时代变迁的无奈与感慨。

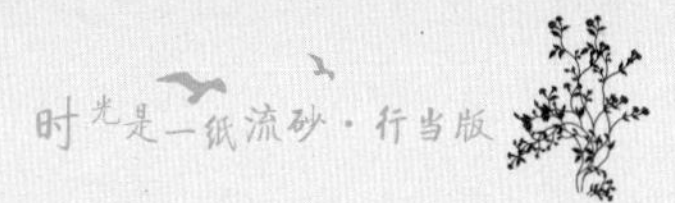

83. 做糖葫芦

“卖冰糖葫芦，酸酸甜甜的冰糖葫芦咯！”还记得儿时的我，只要听到这声音就会屁颠儿屁颠儿朝门口奔去，有钱时就会挑上一串又大又红的冰糖葫芦，吃个痛快；没钱时就只有搓着小手，盯着那一串串插在草棍上的糖葫芦过眼瘾，咽口水。

这些小贩吆喝叫卖的冰糖葫芦儿，其实大多是他们自己制作的。说到糖葫芦的制作过程，其实是很有讲究的。

首先，要精选上好的山楂作为原料。把采购回来的山楂存放在一个干爽的地方，制作糖葫芦时，取出，洗净，去子，放在一个可以沥水的容器里备用。

然后要熬制糖稀。浇汁的糖稀有红糖和白糖两种，功用各有不同。红糖可以温补，白糖可以润肺、生津。接着把选好的糖倒入锅中，按糖与水 2 ∶ 1 的比例加入水，然后点火，熬制糖稀。

这道工序的关键是火候，

火不够，糖出沫子，蘸出的葫芦成糊状，外表不透亮，糖稀会粘牙；火太大，糖色重，糖稀会带有苦味。所以要用文火慢慢熬制，待糖熬到呈黏稠的透明状时就可以了。在此期间，还要用刀子把山楂切成两半，用竹签穿好等待浇汁。

等到糖稀熬好后，关键的浇汁工艺就开始了。用一张透明的长方形玻璃纸平整地铺在案板上，把穿好的山楂串整齐地码好，然后用刷子把糖汁均匀地涂在码好的山楂串上。涂完后不能马上把糖葫芦拿起来，而是要把这些半成品放到室外冷冻。

等到糖汁凝固，再把每串糖葫芦拿起，穿上玻璃纸的外衣。这层薄薄的玻璃纸，它既可以阻止灰尘的侵入，同时也能保证糖葫芦的味道。这样，美味可口的冰糖葫芦就做好了。把它们排列在架子上，再插在草把上，就可以拿出去沿街叫卖了。

如今，在大街上偶尔还能看到卖糖葫芦的，不过他们已不再像从前那样肩扛插着糖葫芦儿的草把叫卖，而大多都是骑着自行车游动叫卖，也有的有固定摊位，把糖葫芦放在玻璃罩里面，这样看起来比较卫生。

84. 做油纸伞

作为伞的一种，油纸伞有着悠久的历史。很长时间以来，油纸伞都是我国江南地区一道独特的风景。从它产生至今，它已陪伴国人走过了240多年的风雨历程。“撑着油纸伞/独自彷徨在/悠长，悠长/又寂寥的雨巷/我希望飘过/一个丁香一样地/结着愁怨的姑娘……”戴望舒的这首《雨巷》，更是把油纸伞塑造成了一种古典的意象。

油纸伞虽小，但制作工艺却很繁复。首先对材料的选用就比较考究，要选用以桑树皮为原料制成的皮纸，这种纸韧性很好，先用红色的染料染一遍，再请画工在上面画好画，图案多是彩色山水、花鸟、古典戏曲中的故事或人物等，再反复涂刷桐油，直到油质完全浸入伞面，干透，油纸在阳光下就会显出深红的亮色，惹人怜爱。支撑伞的骨架叫做龙

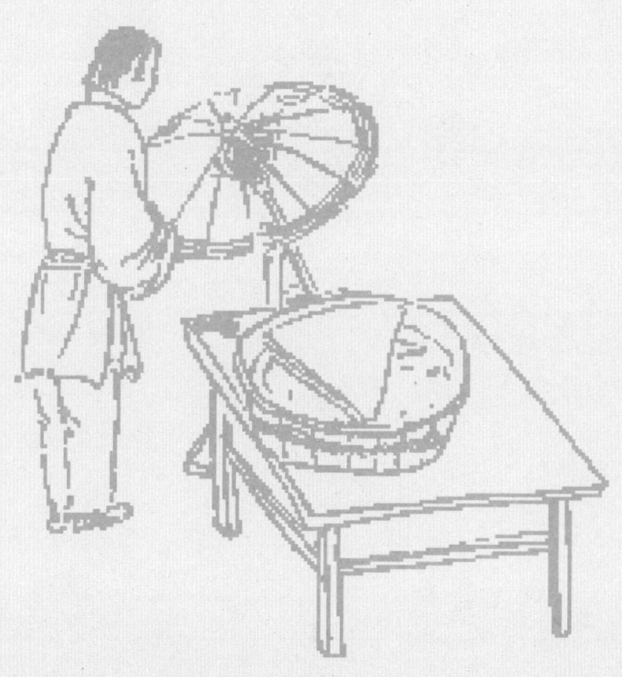

骨，由老竹子或硬质木料制成，不易变形，在伞把上，有的油纸伞师傅还会装上光滑的牛角把手。

在做油纸伞的工艺上，也可以制作油布伞，多为米黄色，不过油布伞的伞面更大，多要求伞的骨架要更结实，故而油布伞的龙骨总是很粗壮。

相比较而言，油布伞比油纸伞耐用，但油纸伞却更为轻巧美观，而且很便宜，故而长久以来，人们都更喜欢油纸伞，在著名的《白蛇传》故事中，它还被当做了白蛇和许仙的定情信物。

现在，由于新式伞具的出现，人们已不再使用油纸伞做雨具了，它也只被压缩到了一些风景区或博物馆中，油纸伞匠人也大多转行做了其他生意，油纸伞就这样无声地消失在了茫茫红尘中。

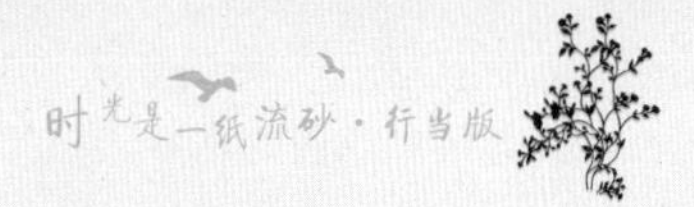

85. 背夫

旧时，在交通不发达的地方，特别是云贵川一些海拔比较高的山区，因山林险峻、坡陡流深，一些村庄几乎被隐在了大山深处。进山的山路如一条垂死的蚯蚓蜿蜒曲折，有的小道仅有尺把宽，出入都很不方便。为了维持与外界的沟通，当时产生了一种依靠人力背运物资的职业，那就是背夫。

作为现实版的“愚公”，背夫们移走了一座“山”，自己却又搬来了另一座“山”。他们作为一支极其特殊的运输队，许多年来，早已记不清他们就这样靠自己的双脚和双肩背进背出了多少物资。还有许许多多生活用品都是这些背夫们一步步翻雪山、过塌方、穿峡谷背进去的。他们背的东西有粮食、药品、物资，也包括一些盖房用的钢筋水泥、铁皮等。

在崎岖坎坷的山道上，峰峦叠嶂的深谷间，背夫们一般都是背着一个装满东西的大背篓，手抓一根齐腿长的木棍，用来支撑身体。有的时候需要歇口气时，根本就找不到放背篓的地方，

这时他们还可以用木棍来顶住背篓，以减轻重量。有些聪明的背夫想到一个好方法,他们不用木棍,而用一把可以收缩的长腿凳子,来支撑重物。歇脚的时候，点燃一袋烟，看看脚下的云雾，正往深渊里消散，也是一件很惬意的事情，就是不知道当时的背夫是否有心情来欣赏这份美景。

以前的人家都太穷了，养不起牲口，也只好自己背东西。当时几乎所有家境贫寒但腿脚灵便的乡民都当过背夫。以前的小孩子也当背夫，父母背八十斤，小孩背二三十斤。有的小孩甚至在假期还去陪着父母当背夫，挣钱来贴补家用。

背夫盛行的年代，他们的收入也不高，在当时背一次货物翻山越岭走一遭的劳务费，市价是人民币八元钱，遇到好的老板给十元。但走一趟，最快要三天，路上一切顺利，一般也要四天，全程累计下来，差不多有一百多千米的路程。

现如今，当公路修得四通八达，汽车成为物流主力军的时候，古老的背夫也正面临着失业的危机，现在还能见到的背夫少之又少。不过，在一些旅游景点，往日的背夫有的改行当上了向导，顺便帮游客背背行李，或许此时的背夫才真正有心情看看沿途的美景。

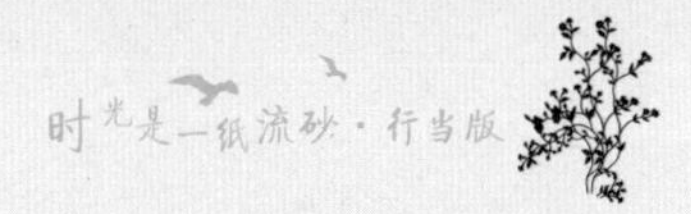

86. 猎户

在原始社会时期，人类为了获取食物，不得不想方设法猎取野兽，打猎成为了他们日常生活中必不可少的一部分。当农业和畜牧业的发展足以满足人类需要的时候，打猎也不再是人类获取食物来源的主要方式。但是对于生活在山区的农民来说，野兽仍时时威胁着人们生产生活的安全，打猎的习俗因此被一直延续下来，成为了一种职业，人们以此为生，这样的人就被称为猎人或猎户。

在当时山区的农村，上了年纪的人大多都是好猎手，他们打猎的时间一般在每年的秋冬季节，因为秋天粮食和山果都成熟了，山间野生动物觅食频繁，昼夜到庄稼地里吃粮食，猎户们这时候出击就会大有收获。冬天人们农闲，没有事做的时候也会进山打猎。

猎户一般都养狗，有的还不只一条。狗就是猎人的眼睛和鼻子，猎户依靠他们去发现猎物，有的狗在关键时刻还是猎户的好帮手，它们与猎物殊死搏斗。所以猎户都把狗当做自己最好的朋友，如果猎犬不幸殉职，主人都会很伤心。

在新中国成立前，猎户打猎用的都是土枪，也称火枪，就是铁匠用铁打成圆形、口径细、底座粗的铁棒，钻空心，底座侧钻一枪眼，捆在木柄上，在枪膛中装适量自制黑火药、铁砂、铁条等，在枪眼上安装火药引线，打的时候用火绳点燃就能听见枪响了。后来，国家禁止打猎用土枪、猎枪，猎户也就不再用此类工具了。

除了猎枪，猎户还有很多方法能捕捉到猎物。比如用箭刀、箭枪，猎户选择野兽要经过的地方，将小树干拉为弓形，牵线，安一个用竹子削成的尖刀形或箭头形的东西，等到野兽经过绊线，就会被射中。还有安绳套，一是安明套，选择背光处、野兽必经路口安放绳套，野兽蹄子踏到套绳中被套住；还有一种是安暗套，选择野兽必经地点，先在地上挖一小坑，上面用竹竿支起一石板，拉弯一小树干，安上机关，用树叶掩盖，野兽过往踏动机关就会被套住……

猎户们靠着他们对自然中的细微变化洞察秋毫，跟踪与游弋，在人与兽构成的循环里斗智也斗力，有收获，也有付出，有时甚至鹿死谁手都很难预料。

如今，由于过度捕杀，动物灭绝的速度大大出乎人类的预料。并且随着人们野生动物保护意识的提升，民间的猎户也越来越少，已逐渐隐进历史里成为一种民俗记忆。

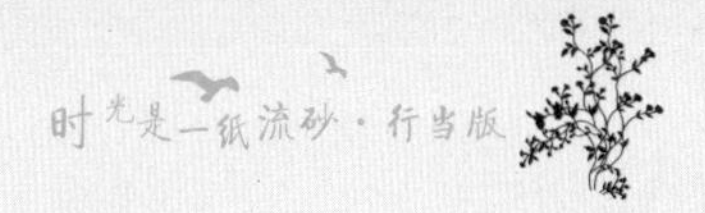

87. 拉板车

在过去，交通工具不像现在那么发达，人们搬运东西，少不了板车的帮忙。板车可以说是一切车辆的始祖，经过一千多年的发展，从木头车轮的板车，到铁轱辘绑上一层胶皮的板车，再发展到胶轮板车，在过去的许多年里，板车几乎已经成为了人们生活生产中不可缺少的搬运工具。

板车有人力拉的和依靠牲口牵引的两种，但以前人们生活大多贫苦，买不起牲口，所以一般人家用的板车都是人力拉的，有的人还以拉板车来谋生。拉板车的人日日忙碌着，一年四季，顶着烈日、迎着寒风、冒着雨雪，这些身强力壮的拉车汉子靠出卖自己的体力换取几张皱巴巴、浸满汗渍的毛票补贴家用。

板车的载重量是很大的，胶轮板车一次装的货可以达到一千多斤，有些板车的龙骨经过特别加固后，竟然可以承载一两吨的物品。因此，我们经常可以看到拉板车的人好似顶着一座山在前进。有时候要拉几十米长的电线杆、钢管、大楠竹，汽车也无可奈何，但两辆板车就可

解决问题。一辆在前面承头，一辆在后面载尾，这时，板车已经不是靠人拉，而是在众人推动下前行了。

在路况起伏的地区，拉板车比起在平原上就更考手艺。货物置放的位置是很考究的，车夫要能轻易把车撬起来，又能随时让车尾拖到地面，权作刹车。拉中杠的车夫，要体力、技巧都比较好的，在旁边帮忙的，叫拉“偏搭”，载重很大的车，拉偏搭的一般有两个人。

拉板车的车夫在拉上坡的时候很吃力，身子几乎都是伏在地面上，他们使出浑身力气，使车子呈“之”字形前行。有很多穷孩子，就等候在上坡地段，见板车来了，一拥而上，帮着推车，车到了坡顶，车夫照例要给他们一点点钱，这也成了板车行道的规矩。下坡的时候也不是那么轻松，特别是在坡陡的山路上，拉车人必须把力气用在背部和两只手上，才能控制着板车的下滑速度，一旦速度过快，随时有可能连车带人都跌入路边的深渊。

随着汽车的普及和运费的大幅度降低，拉板车的现在几乎已经被机器挤出了城市的运输业，只有在一些比较偏远封闭的地区，或许还可以见到拉车人那倔强的身影。

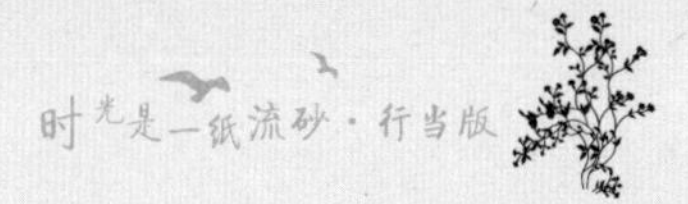

88. 麦客

麦客，是西北人的叫法，就是一群在夏收时节帮着乡民割麦的人。麦客究竟在黄土高原上存在了多久，已无据可查，只知道千百年来，每当6月前后，小麦就陆续黄熟了，金灿灿的，犹如一片海。这时乡民们就要开始忙碌了，但那时收割机还很少见，有的人家就是全家老少齐上阵，人手还是紧张。于是麦客们便像候鸟一般迁徙而来，一批批的，到处替人收割麦子，用汗水来换取微薄的收入。

麦客大多体力较好、技术过硬、勤奋肯干，他们干起活来也很卖力，在6月已很毒辣的骄阳底下，拱着腰，镰刀飞快地挥舞着，边割边捆，立成厚厚的一簇。麦客来去匆匆地奔走于异乡，关中小麦由东至西熟过去，他们也就从东往西奔走，只希望能多割些天，多割几亩。

有的缺劳力的顾主在收割完毕后，还要求麦客帮他们进行脱粒、晾晒、扬场等工序；而有些顾主则只需麦客割完麦子就可以了，自己来干下面的活儿。麦客们巴不得早点上路，好去找下一个顾主。离开那天，顾主还会摆上酒席，请麦客正儿八经吃顿饭。

收割三二十亩麦子，一般由两个麦客承包，讲好价钱，麦客们就赤膊上阵大干一场。一天大概会干15个小时以上，对体力消耗极大。一般顾主都会管饭，管饱，而且顿顿要有肉。有的麦客吃住就在麦田临时搭建的棚子里。

麦客外出一般都三五成群，其中有兄弟同行，还有父子同行甚至夫妻相随，来到产麦区，寻人雇用。麦客们一般会带一个干粮袋、一把镰刀、一床被褥上路，因为要经常露宿等待雇主雇用。以前的麦客有点类似于现在的农民外出打工，但那时的生活工作环境更恶劣。他们衣着简陋，头发蓬乱，操着生硬的外地口音，袒着黝黑的胸脯，脸却是笑着的，紧盯着来往的人。有人过来了，他们簇拥过去，几个幸运者很快讲好价钱就跟了来人去干活了。剩下的人散了开去，继续等待。一个季节下来，运气好，麦客可以找到几单生意。

现在，随着农业机械化的不断推广，这种传统的劳动方式已经很少见到了，这些行走四方的麦客们似乎也销声匿迹了。

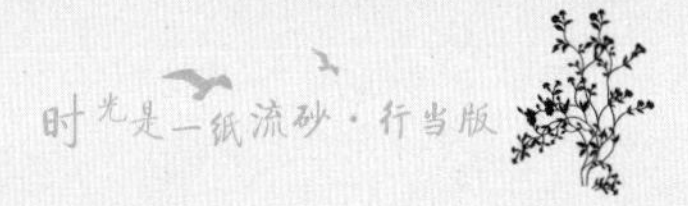

89. 帮人洗衣服

帮人洗衣服，也是以前农村妇女闲暇时赚取收入的一项权宜之计。这个工作没有任何成本，只需要付出劳力即可。在人口众多的地方，劳力几乎就是最廉价的资源，也因此，帮人洗衣服的收会十分微薄。

但就是这么收入微薄的工作，也不是每个农村妇女都能胜任的。它需要从业者有着惊人的体力，不怕寒暑冷暖，即便是冬日里水冰冷刺骨，也一样要下得去水把衣服洗透才行。同时它还需要这人有良好的口碑，有时发现客人衣袋里遗忘的钱币或贵重物品，也不能据为己有，而应完璧归赵。再者，它还需要从业者有细致的观察力，要能看出衣服开线、扣子松脱的地方，并能将其缝合完整，也不主动收取费用，事后看客人的意愿，有记着的就会多付上两个钱。

她们要仔细地洗好每一件衣服并晾晒，之后还要进行熨烫。以前的熨斗几乎都是生铁制作的，内置一个小炭炉，靠火炉的温度来掌握。这是很不容易掌控好的，稍不注意就有把衣服烫坏的危险。由于从事这一行业的妇女都是穷苦人家出身，如果烫坏一件衣服她们是很难赔得起的，所以她们在熨烫时总会打起十二分的精神。

在没有机械设备而全凭手工洗衣的时代里，帮人洗衣服的妇女有过很多辛酸的历史，她们做久了，手上老茧磨掉了一层又一层，到了冬天，手又有可能受冻起水泡，肿得像个气球。著名诗人闻一多也写过同情洗衣工的诗句。

现在，洗衣店已经代替了手工洗衣，而洗衣店里也配置了很多机械设备，洗衣人的手也随之解放出来。

90. 泥瓦匠

在以前，人们称从事砌砖盖瓦等工作的建筑工人为泥水匠，有的地方也叫泥瓦匠。泥瓦匠是一种历史相当悠久的含有技术性的工作，技术比较简单，经过简单的训练后任何人都可以做。

以前乡下的泥瓦匠同卖货郎一样走东家串西家，看哪家要建房或翻修房子。一般来说，农村冬季做屋的比较多，因为这个季节，田里的庄稼也都收了，属于农闲，迎亲嫁娶的和有余钱的人家几乎都集中在这个时间建新房，一直会持续到来年的春季。

在以前，无论是城里还是农村，人们盖房动工前，都会请风水先生看风水，定下门窗的朝向。然后再挑选一个吉利的日子，叫泥瓦匠师傅挑着工具担子上门开工，吃住在东家。一户人家的泥水活，至少得花上个把星期甚至更长的时间。

在安装门窗时，东家最忌讳泥瓦匠把门窗倒置，

也忌讳泥瓦匠说些不吉利的话，如“掉下来、断了、倒了”等。上梁时，东家也要选一个良辰吉日，并在梁上张贴一张写有“金玉满堂”的大红纸，还要鸣放鞭炮驱灾避邪。现在有些地方这些传统习俗还流传着。

泥瓦匠的主要工具有瓦刀、烫子、灰板、铁锨等。当然，泥瓦匠在正式使用这些工具前，一般都是跟着泥瓦匠师傅做学徒，期间主要是干杂活，提灰桶子，人们称他们为小工。小工工作量大，工资也很少。

据说，泥瓦匠同木匠、石匠等工匠一样，也奉鲁班为祖师。内行人从石匠、木匠、瓦匠所用的木尺上就能看出他们是哪一行。石匠用的是二尺杆，木匠用的是三尺杆，而瓦匠用的是五尺杆。据说他们跟鲁班学徒时，都是瓦匠给大伙儿做饭，因此，平时做活大家都听瓦匠的。

近年来，城市处处是高楼林立，外观漂亮、宏伟大气不说，还改变了过去传统式的房屋结构，越来越多的机器设备运用到建筑工地上，正逐步取代泥瓦匠的位置。再加上泥瓦匠劳动强度大，工资也不高，很多年轻人也不愿意从事这一行业，泥瓦匠这一行业正逐步退出大城市，不过在农村一些自建房的工地上，还能见到他们忙碌的身影。

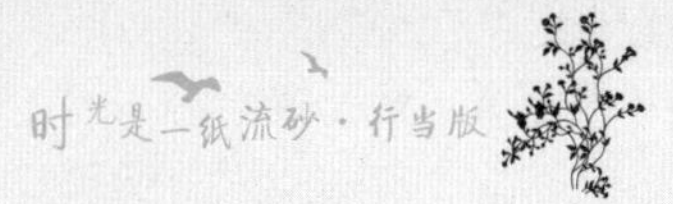

91. 杂耍

杂耍，是走江湖之人的一种卖艺谋生的表演，里面包含了多种高难度的表演形式，如用手抛扔道具的丢掷技巧，以及各种平衡技巧、空中技巧、跳跃技巧、柔身术等。传统走江湖的杂耍卖艺人的表演，主要是杂技、魔术、马戏（驯兽）和武术的综合。今天的杂技表演也常常和魔术、马戏表演一起进行。

表演杂耍的演出班子，多是一个家族，代代相传。他们视杂耍为秘籍，绝不外传，就更不会给观众讲解其中原委了，他们就是要让不明就里的人对此产生兴趣。比如，表演在沸腾的油锅里捞出东西，他们是真的敢伸手去捞吗？其实不然，因为他们事先会在油里掺醋，醋的比重大，就会形成一股自下而上的水流，伸进手去，自然就不会灼伤皮肤。再比如腹部开碑，即在腹部压上大石板，用铁锤猛击，直到石板断裂。这实际上是利用了一个简单的物理学原理，因为压力与面积成反比，很容易解释。但观众看得都呆了，

只能拼命鼓掌。

当然，表演杂耍也是需要真功夫的。像走钢丝、顶碗、车技、空中飞人等，没有多年的刻苦训练，是不可能做到的。可见，功夫只能来自勤学苦练。

杂耍演出所操控的物件称为道具，其中马戏技艺使用扯铃、恶魔棍、雪茄盒操控、吞火和接触技等。这类的杂耍表演也会使用如晃板、叠板凳、平衡杆、高跷、独轮车等平衡类道具，以增加表演的难度。

这些艺人在演出时难免会有失手的时候，这时候他们会先向观众抱拳施礼，然后重新再来。这样观众觉得受到尊重，反而会为他们鼓掌、加油。当然，这也是要钱的好时机。一般这个时候，就会有一个小姑娘，托着个铜锣，怯怯地，大眼睛直视着你，让你不好意思不给，很多人也就慷慨解囊了。

表演杂耍最怕的就是遇上乱嚷嚷、捣蛋的人，他说，再来一个就给钱。观众就等着看，这时杂耍艺人会换下女角，叫刚猛一点的小伙子上台，表演银枪刺喉等，有时候还会专找那个捣蛋的人，请他出来“配合”，实际上是设法出他的洋相，使他知难而退，别坏了自己的事儿。

现在，随着人们业余生活的丰富，在街边巷尾已很难见到那些出来跑江湖表演杂耍的艺人了。

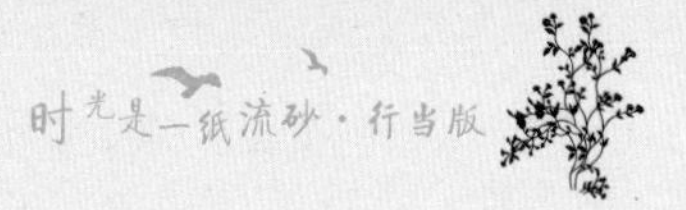

92. 抬滑竿

在旧时，山区交通不便，人们出行办事，探亲访友，看病疗疾，只能以滑竿为代步工具。于是也就衍生出了抬滑竿这一老行当。

在新中国成立前，一些达官贵人把坐滑竿视为身份的象征，他们的滑竿不仅做得漂亮，还专门配有脚夫、跟班，出门办事脚夫抬着滑竿，跟班跟着滑竿一路小跑，还不时为主人摇风打扇，所到之处，鸡犬都不得安宁。

滑竿的构造其实很简单，选取两根三米来长、韧性比较好的竹竿，作为“杠子”，杠子的两端分别绑上比肩宽的短杠，叫“抬杠”。竹竿与竹竿的中间用竹片或绳子，编成类似凉床或躺椅的软垫，躺椅的前面有的还系上一块木板，作为“踏脚板”。为了遮阳和挡雨，有的滑竿的顶上还撑着油伞或篷布。

抬滑竿的都是靠苦力吃饭的贫苦大众，他们脚穿草鞋，等候在车站、码头、路口，一手抱着滑竿，一手召唤着顾客。客人上了滑竿，抬滑竿的便呼哧呼哧地抬起就走，累死累活也挣不了多少钱。

抬滑竿不是一个省力的活，一要靠力气，二要靠技巧。通常是二人结伙，一个在前一个在后，走在前面的视线宽阔，走在后面的只能

看见客人的头，无论起步、上下坡、拐弯、落脚，两人走路的节奏与滑竿上下弹动的频率必须一致，这样，抬滑竿的人走起来很轻松，斜躺在上面的人也会很舒服。如遇到上坡，为了保持平衡，走在前面的要将抬板从肩头移到手上，不让客人脚高头低。下坡时，走在后面的也得把抬板放在手上，变抬为手提。这样，客人坐在滑竿上才会觉得舒服。

滑竿一旦上肩，除非客人要求，抬滑竿的人是不会轻易放下来的，即使走几十里的路程也是如此。往往一趟下来，他们的汗水都能把全身湿透。那时候没有很清晰的路程指示标，人们只要说个地名，价钱说定，就可上路，远点近点都无所谓。

以前的滑竿除了供人乘坐，还可以运载各种大物件。比如农村用来抬猪、立柜、石头磨子等，当然这些滑竿就没有人们乘坐的那种滑竿做得那么漂亮了。

现在，已很难再寻觅到抬滑竿的人的身影，不过，在一些旅游景点，还能见到滑竿久违而飘逸的身姿。这些滑竿都装饰得很漂亮，脚夫们也统一着装，叫价统一。抬滑竿不仅是卖力气活，更成了一道景观。

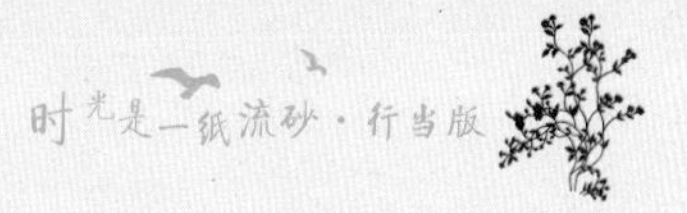

93. 摆残棋

在一些大城市中，经常会看到一些人扎堆在路边，当中一人面前放着一副棋局，上面摆着一些棋子，旁边一些人大声喊着嚷着，这就是摆残棋的了。

摆残棋的一般都是中老年人，装做一副象棋高手的样子，其实，他们所谓的残棋都是为了骗不明真相的观众的。

这些人往往是多看了一些棋谱，将书中残局稍改一下布局，并记下可能的各种走法，再吆上一些同伙，就可以上街行骗了。利用的是人们爱占小便宜的心理。

摆好残棋后，摆棋者会宣称能够下赢他的，他就给钱，以前一般是一包中华烟钱，现在则要赌上一百了。然后他的同伙会赶紧围过来，下注抛钱，几下子就赢了。就连连向旁人说，这棋好下啊。旁边的路人以为钱好拿，纷纷解囊下注。结局就不说了，肯定会被摆棋者赢去的。

摆残棋多摆中国象棋，也有摆围

棋的，方法和手段与摆象棋别无二致。围观者很多，内行看门道，外行看热闹。主人等着鱼儿上钩，同伙在旁边赢钱。有些人看久了，觉得没什么了不起，就掏钱去下，结果自然也是必输无疑的。

当然，他们也有失手的时候，这就只能是等他们遇上象棋大师了。据说有次中国象棋大师胡荣华到南方某城市比赛，在街头见到摆残棋的，一时兴发，稍微看看，就动手走子。其实他早已看出了残棋布局并不严密，连续赢了对方几盘，后来大师分文未收，只是告诉对方自己的名字，摆残棋的都傻了。他们这就是在孔夫子面前卖三字经，出丑啦。

现在，越来越多的人知道他们的骗术，也就不爱上当了，但仍有一些人不明所以，直到被骗多次才会彻底醒悟。

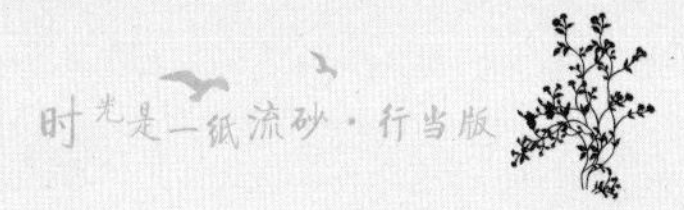

94. 草编

草编，是中国民间很早就广泛流行的一种手工艺品。我国最早的草编遗物是河姆渡人制作的，距今已有7000年之久。到春秋战国时期，已有用萱麻和蒲草编制的斗笠。秦汉时期，草编已在民间广泛使用，品种有草鞋、草席、草扇、草帘及僧侣信徒打坐的蒲团等。之后，草编工艺发展到了顶峰，除了蒲草编制的蒲衣、蒲鞋外，还有蒲草编制的蒲帆。

在以前，草编工艺之所以十分普及，是因为制作草编的材料在我们生活中到处都有，可以方便人们就地取材，利用各地所产的草，编成各种生活用品。有的利用事先染有各种彩色的草，编织各种图案，有的则编好后加印装饰纹样。既经济实用，又美观大方。

草编在用材上分三大类，一是稻草制品，如草绳、草垫、蒲团等；二是麦草制品，如蛐蛐笼、草帽、知了笼、壁挂、玩具等；三是灯草制品，如草鞋、草帽、草席、裹腿、口袋等。在生活当中，以草帽、草鞋最为常见。

草编匠在麦子收获后，取剩下的麦草，就是麦秆儿，晾晒后，用硫磺进行烟熏，

熏过的麦秆儿一律呈发光的嫩白色，这样才能够用于编织。灯草，也叫蓑草，在南方广阔的地区均有分布，细条，椭圆形，可以长到两米高。灯草同样要经过硫磺等熏制，一是着色，二是防止生虫。编织草帽基本上是手工操作，很少有使用机器的。首先要先编头部，再向四周扩展，在蓑草一圈一圈的起伏中，就像一个螺旋在收缩自身的旋转，最后在手指的梳理下凝固，一顶漂亮的遮阳帽就算完工了。

有的草编匠也学会赶时髦，他们在编织草帽的时候也发明了很多不同的款式供客人挑选，可以选择的有巴拿马式、牛仔式、礼帽式等几十种款式，能适应不同人的需求。

草鞋的编织千百年来则没有什么变化，制作简单。在当时，草鞋深受脚夫、搬运工、农民的喜欢，因为它又吸汗，又不滑，才两毛钱一双，其需求量很大。打草鞋，简直是农村人人必会的技能。

现如今，随着人们物质生活的丰富，生活用品中已很少能见到草编制品，再加上现在大多使用机器草编，大批量生产，能手工草编的人也越来越少了。

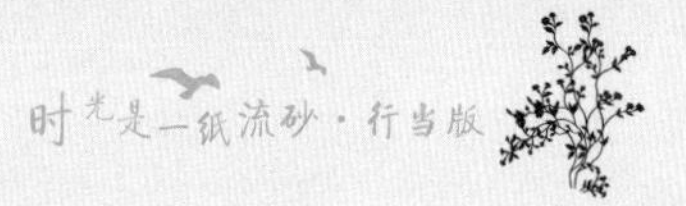

95. 卖碎石

以前，在碎石机还没有大量使用前，人们修路、筑房，如果要用到碎石，都得去卖碎石者手里购买。

卖碎石的常年以此为营生，虽然很累，也赚不了几个钱，但由于生活所迫，还是有很多人走上了这条路。

碎石很多，但一般只有鹅卵石和石灰石敲碎了才能卖钱。一般要将此类石头敲成拳头大才行，有的初入这一行的人，自恃一身蛮力，不懂得技巧，结果不光没打烂石头，还会砸伤手脚。而熟手则不同了，他们会用一个草绳编的绳圈或者草袋子，把石头四周箍住，再用锤子猛敲，这样打烂的石头就不会蹦出来伤人了。

鹅卵石、石灰岩都很坚硬，要完全敲碎不是易事，而且很费体力。以前师傅们天刚亮就起来，一直干到天黑，有的人还吃住都在工地上，十分辛苦。

所卖的碎石是按照体积来计算的，堆在地上，买主们量下石子堆的周长和高度，用简单的公式就算出了体积。有的省事的甚至干

脆用估算，说个双方都认可的数就开始付钱搬石。

以前的一些建筑，好多都有卖碎石者的功劳。但物是人非，碎石机出现以后，很多人就不再涉足此行了，只在一些江边卵石场还偶尔能看到些手工碎石的场面。

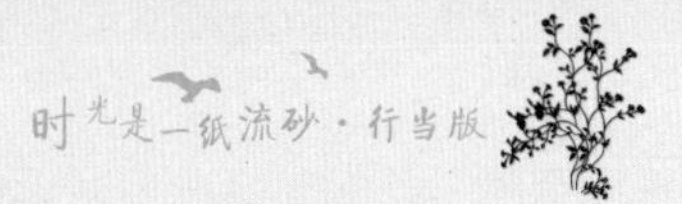

96. 摆渡人

在以前桥梁技术还不发达的时候，靠近河边或江边的人出行很不方便，他们出行只能坐船，要不就要走很远的路。因此，一些觅到商机的人就开始在河岸边搭起了石板平台，在这儿开始了他们的摆渡营生，他们就是摆渡人。

有了渡船，改变了人们的行路方向，很多人出行就不必再绕远路，所以当时摆渡人的生意还算比较红火，一天下来收入也还比较可观。对于船钱，摆渡人往往也是比较慷慨的，随便客人给，有的人没带钱，那也没有关系，下次有再补上。

摆渡人摆渡的渡口紧邻乡亲们的村庄，十里八村的村民走亲访友、打工、赶集、办事都从此取道，赶上过节或者嫁娶日子，串亲戚的人多了，摆渡人一天能载百余人。他们每天早上六点半就来到河边，中午吃罢饭就过来，晚上七点才收工。在家里吃饭吃到半截或是半夜时，有人急着过河，他也会二话不说跟着就去。

摆渡是一门手艺和体力并重的活，不是一般人能做得来的。但对于摆渡人来说，却已是件易如反掌的事情。只见他左腿在前，右腿在后，双手握桨一起用力向前，

然后再一起向后，伴随着手划船桨，摆渡人的脚步还会跟着有节奏地向前向后，船的平衡、向前、向左、向右行驶都得靠手来控制。

对于摆渡人来说，安全很重要，因为一船人的性命全都维系在他一个人身上。摆渡人一般只是把乡亲们送到河对岸，距离并不远，但只要有人在船上，就必须要绷紧安全弦。到了下雨、下雪天，摆渡人还要找些草来铺在渡口边，方便大家行走。如果遇上打雷和浪特别大的时候他们则是不会摆渡的。

摆渡人非常辛苦，他们终年驾着船在水道上来来去去，风吹、日晒、雨淋，皮肤都被晒成了古铜色，特别是下雨、下雪天的时候，虽然他们身上穿着雨衣，但是一天下来，衣服也全湿了，有时到了中午就要重换一件了。随着年龄的增长，他们的身体也是大不如从前，双手也因为长年累月拉麻绳、推船而皲裂出血。

现如今，交通发达，桥梁林立，摆渡人的生活也是越过越清贫，甚至是难以维持生计，大部分摆渡人只好改行，投身到别的行业。

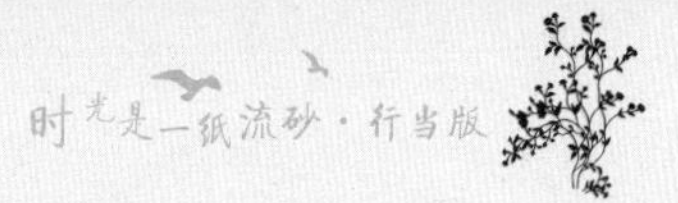

97. 箍桶匠

在过去，箍桶匠和篾匠、木匠、泥瓦匠、铁匠一起被称为“五大匠人”。那时候，随便走进一户农户家，你就会发现，他们盛米装面的米桶，提水的小提桶，挑水的大水桶，什么大脚盆、小脚桶，饭桶、茶桶等，都是木头做的。这些木制的器皿都是从箍桶匠手上制造出来的，并且还要靠箍桶匠来维修和保养。可见箍桶匠在当时老百姓的生活中是多么重要。

木头在人们的生活中随处可见，方方的木块儿，经过箍桶师傅灵巧的双手，就制出了老百姓必需的生活用品。师傅首先将木块或竹片锯成大小相同的条，同时要保证特别的弧度，条间采用竹木销连接。以前的师傅都不用铁钉，只用篾条，或者铁丝箍扎，接着打磨、刷桐油……这样几十道工序下来，箍出的木制品保证结实耐用，而且滴水不漏。

箍桶匠手艺的高超在于，他们用料从不计算，只在竹木块上勾勾

画画，做些记号，但做出的东西往往恰如其分，毫厘不差，要什么形状是什么形状。

如果走街串巷，箍桶匠多会带上一应家什，挑着满满一挑担子上路。“箍桶哎——箍桶；箍桶哎——箍桶……”随着他们响亮的吆喝声，有需要的人家就早早地在门口等着了。

他们每到一个村庄，总是忙得不可开交，干得最多的是一些修修补补的活儿，真正箍桶的时候不多。

人们生活中最常用的水桶、脚盆和澡盆，时间久了，都可能朽坏，特别是底脚一圈，更易腐烂，而那时的人们又舍不得扔，总会修修接着用，这就需要找箍桶匠修补了。澡盆坏了，箍桶匠便在上面敲敲打打，烂了的木块儿用新的替上，锈断的铁箍也换了，破漏处便用捣烂的细麻丝和油石灰堵住，然后用细砂纸一砂，打磨光了。这样又可以再用上一段时间了。提桶坏了，水桶坏了，箍桶匠也总能找到方法修补。箍桶匠也有居家做生意的，自做自卖，买主会自己找上门来。一般都明码标价，不讲价，满意就自己挑选，什么家什都可以在师傅的店里找到。

箍桶匠要像木匠一样刨木头，但又不像一般木匠，因为木匠是用刨子刨长木头，不容易伤到手；而箍桶师傅主要使用短料，在用手拿小木块儿去刨时，一不小心就会刨下一块肉来，所以大多箍桶匠的手上都会留下许多疤痕。他们的手掌也布满了老茧，一双手伸出来就像老树枝一般，肤色黑黑的，皮肤还皲裂着。

现今，人们生活越来越便利，老百姓家中使用的木制器皿也逐步被轻巧方便的铁皮、铝制、塑料物品所取代，箍桶匠这个延续了上千年的古老行当也开始逐步淡出了人们的视野。

98. 制线香

线香，就是没有竹芯的香。这种香早在宋朝时就已经出现了，因为它燃烧的时间比较长，所以又叫“仙香”或“长寿香”。古时候的一些寺庙，还常用线香的长度来作为计量时间的单位，所以它也叫“香寸”。

线香的制作都需要专门的师傅来完成，他们将榆树皮粉与木粉合在一起，经过拌料、加色、调糊、密压、挤出等工序后，一根根香就像蚯蚓一样慢慢“爬”出来了。带着潮湿的香最容易弯曲，师傅们拿到手里几折之后，就将一段香弯成了“寿”字，晾干后，“寿”字香就做成了，其余的弄直放在木档中，晾干后切成所需的尺寸，若干根称重，按照所需重量用色纸包好，便可上市了。

制线香少不得榆树皮粉，它能将骨料粘结在一起，这样做出来的香才会结实，有弹性而不易折断。至于香，则是在做的过程中

加了香料所致，一般是檀香、沉香等，也可以加上些中药中的香辛料，比如八角、茴香等，现在则多加入香精。使用香精可以配出各种各样人们喜欢的气味，完全不亚于或者优于天然香料及中草药香料。

在古代，线香很受贵族阶级和文人墨客的喜爱，是他们居家养生、陶冶情操必备的日常用品。而现在，线香则主要用在寺庙里了，因为使用者的减少，线香师傅也比以前大为减少了。

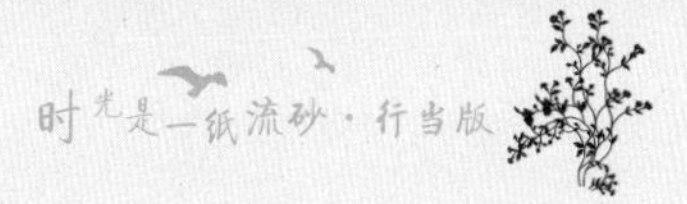

99. 带路人

以前，一到一些城市入口的公路旁边，就会看见一些当地人站在路边，手里高举一个牌子，上面歪歪扭扭地写着两个字——带路，这就是带路人。

当然，别奢望他们是义务劳动，对于他们来讲，带一次路都是要收费的，他们闲暇时也以此为营生。因为，对一些司机来讲，城市的道路就犹如迷宫，到一个陌生的城市，如果不问路，那是无法通行的。

能带路的都是对当地道路非常熟悉的人，一点儿不逊色于交警，甚至他们有的比交警更熟悉路径。为了不带错路，他们还会成天阅读报纸上的道路信息，哪儿在施工，哪儿有道路改道，他们都一目了然，司机们找了他们，心里就有了底，不会走冤枉路。

带路人也通常是一些本地的下岗职工，他们没有额外的收入，为了养家糊口，只得干起了这个三百六十行以外的职业。他们一般带一次路收费五至十元不等，一般是按距离的远近来折算价钱，有的运气好的带路人，一天也能有两三百的收入，运气不好的话则可能分文不进。

他们也不怕寒暑雨雪，下雨雪时，就撑着伞等在路边；骄阳似火时，就找个路边显眼的但能遮阴的地方等候。如果有车停在旁边，那就表示生意上门了，他们就会一窝蜂地跑上去，纷纷要求司机让自己带路，如果没有有组织的行为，发生口角也是常有的事。

另外，以前在景区附近也会有一群带路人，他们一般都是附近的农民，靠带旅行者进入景区收取费用，他们一般会告诉游客，如果让他们

带进景区，是不要门票的，当然，他们索取的费用也会比门票钱低，这为他们招来了大批主顾，但往往由他们带进景区，比走正门要绕上很大一段路。

现在，人们的文化素质都有明显的提高，在街头、景区都有乐于助人的人，而且人们物质生活也富裕了，带路人的生存空间受到挤压，慢慢也就消失不见了。